Maria Künzli · Stefanie Christ

Fremdplatzierte Kinder verstehen

Maria Künzli · Stefanie Christ

FREMD PLATZIERTE KINDER VERSTEHEN

Stämpfli Verlag

Inhalt

Vorwort

Die Menschen, die im vorliegenden Buch zu Wort kommen, lassen uns an ihren sehr persönlichen Erfahrungen und Erlebnissen in ausserordentlichen Situationen teilhaben. Sie exponieren sich mit der Schilderung ihrer Schicksale oder der selbstkritischen Auseinandersetzung mit ihrer Arbeit. Damit setzen sie sich dem Risiko aus, für ihre Aussagen kritisiert und für befangen erklärt zu werden. Dieses Risiko nehmen sie bewusst auf sich, nicht zuletzt mit dem Ziel, dass heute und in Zukunft fremdplatzierte Kinder und Jugendliche das ihnen gebührende Verständnis und die Wertschätzung für ihre ausserordentliche Lebenssituation erhalten.

Oft wurde in den letzten Jahren über zum Teil unmenschliche und entwürdigende Lebensumstände von Verdingkindern und administrativ versorgten Menschen gesprochen und geschrieben. Für die meisten von uns gehören diese Geschichten in eine weit zurückliegende Vergangenheit. Dieses Buch macht jedoch deutlich, dass trotz aller Professionalisierung und neuer gesetzlicher Vorgaben viele Kinder und Jugendliche in unserer Gesellschaft noch immer nicht die ihnen gebührende wohlwollende und konstante Unterstützung auf dem Weg zu einem selbstbestimmten Leben erhalten. Die Gründe dafür sind vielfältig. Oft ist es so, dass wir das Verhalten der Kinder und Jugendlichen weder verstehen noch begreifen oder dieses falsch interpretieren. Gerade die Fremdplatzierten sind dann in unseren Augen «schwierig, verzogen, aufsässig, frech». Entsprechend ist die Haltung, mit der wir Entscheide und Massnahmen zur vermeintlichen Verbesserung der Situation treffen. Auch ich habe diese Erfahrung gemacht.

Mit meinem langjährigen Freund und Geschäftspartner Urs Kaltenrieder, der in diesem Buch aus seiner Kindheit und seinem Leben berichtet, habe ich 1996 den Grundstein für das Jugendhilfe-Netzwerk Integration gelegt. Erst in dieser Zeit erfuhr ich, dass er einige Jahre bei einer Pflegefamilie im Emmental verbracht hatte. Ich war überrascht, und ich verstand damals noch nicht, warum er es so lange für sich behalten hatte.

Meine erste Begegnung mit fremdplatzierten Kindern, an die ich mich erinnere, war in den 1960er-Jahren. Ich besuchte in Luzern die Primarschule. Zwei Mitschüler lebten im nahegelegenen Kinderheim Hubelmatt und besuchten ebenfalls die öffentliche Schule. Das für mich damals fremde «Arrangement» hatte gleichzeitig etwas Normales und Geheimnisvolles. Den beiden Buben war äusserlich nichts von ihrer aussergewöhnlichen Lebenssituation anzusehen. Sie waren gekleidet wie wir anderen Kinder. Nicht mit Vater, Mutter und Geschwistern zusammenleben zu können, überstieg mein damaliges Vorstellungsvermögen.

Jahre später folgten neue Begegnungen und Erfahrungen mit fremdplatzierten Jugendlichen. Ich beteiligte mich in einer Gruppe Gymnasiastinnen und Gymnasiasten, die regelmässig an Wochenenden mit Jugendlichen des Schulheims Schachen Freizeitaktivitäten unternahm. Wir fühlten uns nützlich und waren überzeugt, eine gute Tat zu vollbringen. Die Jugendlichen sahen das manchmal anders. Statt Freude an den gemeinsamen Aktivitäten äusserten sie Desinteresse und Widerstand. Dass die Teilnahme an unseren Angeboten für sie eine Pflicht darstellen könnte und sie unter Umständen nicht gefragt wurden, ob sie daran teilnehmen wollten, daran dachten wir nicht. Das Verhalten der Jugendlichen löste bei mir Frustration und Unverständnis aus. Gleichzeitig hatte ich Mitleid mit ihnen.

Meine berufliche Karriere startete ich dann nicht in der Kinder- und Jugendhilfe. Erst 1996, mit der Gründung des Jugendhilfe-Netzwerks Integration, wechselte ich in dieses Arbeitsumfeld. Anfangs wurden wir belächelt, insbesondere wegen der Verknüpfung von stationärer Jugendhilfe und nachhaltiger Gemeinde- und Regionalentwicklung. Folgende drei Ziele strebten wir mit dem neuartigen Ansatz an:

Wir wollten für psychosozial gefährdete Kinder und Jugendliche aus den Ballungsgebieten bei qualifizierten Partnerfamilien naturnahe Lebens- und Entwicklungsräume mit systemtherapeutischer und sozialpädagogischer Unterstützung schaffen.

In einer vom landwirtschaftlichen Strukturwandel stark betroffenen Gemeinde im oberen Emmental sollten mit Einbezug der Gemeindebehörden innovative, qualifizierte und nachhaltige Nebenerwerbsmöglichkeiten entwickelt werden.

Schliesslich förderten wir mit einem konkreten Angebot einer Emmentaler Berggemeinde an die Ballungszentren der deutschen Schweiz auf staatspolitischer Ebene eine neue Qualität der Beziehungen von Stadt und Land.

Längst werden das Angebot und die Tragfähigkeit der Organisation geschätzt und als einzigartig beschrieben. Die Verknüpfung von stationärer Jugendhilfe und nachhaltiger Gemeinde- und Regionalentwicklung hat unter anderem dazu geführt, dass fremdplatzierte Kinder nicht mehr ausschliesslich als gesellschaftliche Belastung wahrgenommen werden. Sie bringen in ihrem Rucksack voller schwieriger Erfahrungen auch viel Geld mit. Geld, das aus den Ballungsgebieten, den Städten und Agglomerationen, für die wertvolle Arbeit der Pflegefamilien in eine der ärmsten Bergregionen der Schweiz fliesst. Diese Form der Stadt-Land-Kooperation eröffnet neue Erfahrungen auf allen Seiten, ermöglicht Begegnungen auf Augenhöhe und fördert dadurch den Respekt sowie das Verständnis der Menschen aus der Stadt für die Landbevölkerung und umgekehrt.

Alles, was das Jugendhilfe-Netzwerk Integration ausmacht, beruht auf den Erfahrungen der ehemaligen und jetzigen Mitarbeitenden in der Arbeit mit fremdplatzierten Kindern und Jugendlichen, ihren Eltern, Pflegeeltern und den zuweisenden Behörden. Gestützt auf Erfahrungen und Erlebnisse, wie sie im vorliegenden Buch beschrieben sind, haben wir gemeinsam immer wieder dazugelernt, Angebote und Abläufe angepasst und unsere Sensibilität und Achtsamkeit für die Bedürfnisse der Kinder und Jugendlichen weiterentwickelt. Fehlentscheide und Rückschläge haben wir zum Anlass genommen, unsere Haltung und unser Handeln kritisch zu hinterfragen und notwendige Korrekturen vorzunehmen. Dieser persönliche, anspruchsvolle und teilweise herausfordernde Lernprozess endet nie. Wenn es uns aber gelingt, die «Sprache» der Kinder und Jugendlichen besser zu verstehen und dadurch ihre Interessen gegenüber ihren Familien, Behörden, Beiständen und Beiständinnen einsichtig zu vertreten, unterstützen wir sie in ihrer Selbstwirksamkeit und tragen damit zur Entwicklung eines gesunden Selbstvertrauens bei. Das heisst konkret, Position für das Kind, den oder die Jugendliche zu beziehen – also nicht neutral zu sein, sondern sich zu exponieren. Die uns anvertrauten Kinder und Jugendlichen haben wegen aller erdenklichen Schwierigkeiten und Unwegsamkeiten gelernt, ihren Weg zu gehen, auch wenn uns dieser manchmal untauglich erscheint. Unter guten Voraussetzungen sind sie jedoch durchaus in der Lage und willens, notwendige Anpassungen in ihrem Verhalten vorzunehmen. Oft gelingt ihnen das nicht auf direktem Weg, sondern über mühsame Lernerfahrungen und Umwege. Das erfordert von allen Beteiligten Geduld, Vertrauen, Kreativität und ein echtes Interesse an einer positiven Entwicklung des Kindes, der oder des Jugendlichen.

Bund und Kantone haben in den vergangenen Jahren sehr viel in die Ausbildung von Fachpersonen und in die Entwicklung von professionellen Strukturen investiert. Die Kinderrechtskonvention und bestehende gesetzliche Grundlagen bieten den Fachpersonen Orientierung in ihrer anspruchsvollen Aufgabe. Das ist begrüssenswert, es reicht jedoch nicht. Wir müssen fremdplatzierte Kinder und Jugendliche verstehen lernen, ergründen, warum sie sich so und nicht anders verhalten, um ihnen gerecht zu werden.

Damit uns dies gelingt, müssen wir den von einer Fremdplatzierung betroffenen Menschen in erster Linie mit echtem Interesse begegnen, ihnen zuhören und sie ernst nehmen. Sie sind die Erfahrungsexperten. Sie er- und überlebten Vernachlässigung, Gewalt in den verschiedensten Formen, Missbrauch und Ausgrenzung. Sie erfuhren die Konsequenzen von Entscheiden ungeeigneter Fachpersonen am eigenen Leib. Fachpersonen, die sie primär als Problem sahen und dieses möglichst schnell gelöst haben wollten. Und sie wurden auch Opfer von Instrumentalisierungen durch die Erwachsenen, wie unter anderem die Geschichte von Ruth Staub in erschütternder Weise zeigt.

Das Schmetterlingsmodell im Anhang dieses Buches veranschaulicht eindrücklich die komplexen Beziehungskonstellationen, in denen sich fremdplatzierte Kinder und Jugendliche befinden. Diesem Aspekt sind sich deren Bezugspersonen nur selten bewusst. Erst die Visualisierung macht die im Erleben der Fremdplatzierten unsichtbaren Mächte deutlich.

Die Erfahrung von Sergio Devecchi, nachdem er sich bei seiner Pensionierung als ehemaliges Heimkind geoutet hat, macht deutlich, dass trotz Professionalisierung Handlungsbedarf auf allen Ebenen besteht. Am Ende seiner beruflichen Tätigkeit zugunsten benachteiligter Kinder und Jugendlicher musste er Unverständnis und Ausgrenzung durch ehemalige Kolleginnen und Kollegen im Sozialbereich erfahren.

Die Gespräche mit Andrea Weik, Gianni Zarotti sowie jenes mit Konrad Steiner, Marina Marthaler und Marc Baumeler geben Auskunft über die teilweise absurden strukturellen und gesetzlichen Rahmenbedingungen, mit denen die Fachpersonen in der Kinder- und Jugendhilfe zu kämpfen haben. Gepaart mit beschränkten finanziellen Mitteln, führen diese oft zu zermürbenden zeit- und ressourcenverschlingenden Verfahren. Während dieser Zeit erleben sich die Kinder und Jugendlichen als ohnmächtig, hilflos sind sie fremden Mächten ausgeliefert, sie haben keine Perspektive. Das ändert sich oft auch nicht, wenn die jungen Menschen ins Erwachsenenleben treten, ihre beruflichen und privaten Pläne mit Erfolg umsetzen und ein eigenständiges Leben führen. Wessen Verhalten würde so eine Situation nicht negativ beeinflussen?

Nichtsdestotrotz finden engagierte Fachpersonen und Behörden immer wieder Wege, bestmögliche Lösungen für die von einer Fremdplatzierung betroffenen Kinder und Jugendlichen zu finden. Sie hören genau zu, versuchen, zu verstehen und für deren Bedürfnisse gegenüber Behörden und Amtsstellen zu kämpfen.

Das braucht Zivilcourage und Durchhaltewillen. Wenn das vorliegende Buch einen Beitrag dazu leisten kann, dass fremdplatzierte Kinder und Jugendliche besser verstanden werden und sich Fachpersonen für ihre zentralen Bedürfnisse mit Sachverstand und all ihrer Kraft einsetzen, hat es sein Ziel erreicht.

Ich wünsche Ihnen den Mut und die Leidenschaft, sich auf diesen Weg zu begeben. Die Kinder und Jugendlichen danken es Ihnen.

Susanne Frutig, im Mai 2022

«Der Sport gab mir Zuversicht und Selbstvertrauen»

Martina Röthlisberger

Erzählte sie als Jugendliche jemandem, dass sie in Küsnacht wohne, war die Reaktion oft dieselbe: «Oh, ein Goldküstenkind! Du bist bestimmt reich und verwöhnt.» Wenn Martina dann nachschob, dass sie dort im Kinder- und Jugendheim lebe, war ihr Gegenüber peinlich berührt. Meist folgten eine Entschuldigung und Mitleid. Doch gerade Letzteres wollte und brauchte sie nicht. Denn: «Viele gehen davon aus, dass es einem Heimkind schlecht geht. Doch mir ging es die meiste Zeit eigentlich gut, ich hatte Glück.» Und man sei ja nicht allein. «Es ist einfach eine andere Art Familie.»

Martina, 1992 geboren, war zwei Jahre alt, als die Mutter sie gemeinsam mit der Schwester – diese war gerade erst auf die Welt gekommen – ins Kinderhaus Pilgerbrunnen in Zürich gab. An die Zeit davor erinnert sie sich nicht, auch nicht an ihre Mutter. «Es ging ihr damals nicht gut, ob physisch oder psychisch, das weiss ich nicht.» Man erzählte Martina später, dass sie ihre Mutter am Anfang sehr vermisst und oft nach ihr gefragt habe. Ein paar Mal besuchte die gebürtige Vietnamesin ihre Töchter noch, irgendwann kam sie nicht mehr. Auch der Vater kam manchmal vorbei, sei aber nicht sehr zuverlässig gewesen. Deshalb sei es auch nie in Frage gekommen, dauerhaft bei ihm zu wohnen.

Nach einiger Zeit entwickelte sich zwischen dem Ehepaar Danz-Von Ditfurth, das im Kinderhaus als Betreuende arbeitete, und den Mädchen eine vertrauensvolle Beziehung. «Die beiden unternahmen mit uns Ausflüge und wurden später unsere Pflegeeltern», erzählt die junge Frau, «wir blieben zwar im Heim, verbrachten aber die Wochenenden und Ferien bei ihnen zuhause.» Martina wurde glücklich. Und fand zu einem Hobby, das ihr Halt gab und Freude bereitete: das Fussballspielen.

Als Martina fünf Jahre alt war, zogen die beiden Schwestern ins Kinder- und Jugendheim Fennergut in Küsnacht um. Den Kontakt zur Pflegefamilie Danz-Von Ditfurth konnten sie halten, auch als sie nach etwa zwei Jahren von einer anderen Familie ganz als Pflegekinder aufgenommen wurden. Diese Familie lernte Martina und ihre Schwester in einem Sommerlager am Nussbaumersee kennen und entschied, die Mädchen zu sich zu holen. «Das Ehepaar fand die zwei asiatischen Mädchen wahrscheinlich süss und wollte etwas Gutes tun. Also klapperte es nach dem Lager sämtliche Zürcher Kinderheime ab, bis es uns fand. Wir waren zwei, drei Mal übers Wochenende bei ihnen und ihren drei Kindern, um uns kennenzulernen. Es hat uns gefallen, wohl auch, weil die Vorstellung, eine Familie zu haben, verlockend war.» Dennoch wollte Martina nicht dauerhaft bei der Familie wohnen und sagte, sie möchte lieber im Heim bleiben. «Meine Schwester wollte in erster Linie bei mir sein, egal, wo.» Die damalige Heimleiterin sprach sich dafür aus, nichts zu überstürzen und das Zusammenleben erst mal über einen längeren Zeitraum zu testen. «Unsere Vormundin hielt den Wechsel aber für eine gute Idee, und so zogen wir bei der Familie ein.» Wohl fühlte sich Martina nicht. Sie hat nur wenige Erinnerungen an diese Zeit. Aber sie weiss noch, dass sie oft geweint hat. Die Umstellung fiel ihr schwer, auch weil sie nicht mehr Fussball spielen durfte. «Die ganze Familie machte Aikido, so musste auch ich mitmachen. Es waren keine schlechten Menschen, aber sie waren mit drei eigenen und zwei Pflegekindern überfordert. Wir waren sicher auch nicht einfach, hatten unseren eigenen Kopf.» So wurde es schnell schwierig, und schon bald musste eine Notlösung her: Die Mädchen verbrachten die Wochenenden nun ab und zu bei ihrem leiblichen Vater und besuchten weiterhin regelmässig die erste Pflegefamilie Danz-Von Ditfurth.

«Viele gehen davon aus, dass es einem Heimkind schlecht geht. Doch mir ging es die meiste Zeit eigentlich gut, ich hatte Glück.»

Dennoch entspannte sich die Lage nicht. Nach ein paar Monaten wurden die beiden Schwestern ins Kinder- und Jugendheim zurückgebracht. Die damalige Leiterin des Fennerguts nahm sie wieder auf, obwohl das Heim zu diesem Zeitpunkt eigentlich keine Plätze frei hatte. Die achtjährige Martina und ihre sechsjährige Schwester sollten nach dem erneuten Bruch nicht schon wieder komplett neu anfangen müssen.

Die Rückkehr ins Heim habe sich wie ein Nachhausekommen angefühlt, erzählt Martina Röthlisberger. «Und endlich durfte ich auch wieder Fussball spielen.» Ihre Bezugsperson im Kinder- und Jugendheim sowie ihr gesetzlicher Vormund unterstützten das sportbegeisterte Mädchen und ermöglichten ihm, beim FC Küsnacht zu spielen und an Sportlagern teilzunehmen. Im Alter von zwölf Jahren kam Martina in die Regionalauswahl, der Fussball wurde noch wichtiger, das Training noch intensiver. Mehrmals pro Woche trainierte sie in Küsnacht und nun auch regelmässig in Kloten. «Irgendwann ging es mit der Schule zeitlich nicht mehr auf, und ich konnte von der öffentlichen in eine Sportschule wechseln. Ich bin sehr dankbar, dass die Gemeinde Küsnacht für die Schule aufkam, sonst wäre das niemals möglich gewesen.» Von da an machte sich Martina frühmorgens auf den Weg zur Sportschule, fuhr abends direkt zum Training und kam gegen 22 Uhr zurück ins Heim. So hatte sie mit den anderen Heimkindern bald nicht mehr viel zu tun. Zu wichtigen Bezugspersonen wurde neben den Betreuerinnen und Betreuern im Heim auch die neue Pflegefamilie Benz, bei der Martina nach ihrer Rückkehr ins Heim viele Wochenenden und Ferien verbrachte. Mit dieser Pflegefamilie und einigen der damaligen Betreuenden steht Martina Röthlisberger heute noch in Kontakt. «Die meisten Kinder von damals habe ich aus den Augen verloren, aber die zuständigen Sozialpädagoginnen und -pädagogen nicht. Sie waren Teil meiner Ersatzfamilie.» Eine Adoption oder eine weitere dauerhafte Platzierung bei einer Pflegefamilie und damit eine wiederholte Entwurzelung kam für die Heimleitung und die zuständigen Behörden nicht mehr in Frage. Die Mädchen sollten nach der gescheiterten Platzierung nun im Heim aufwachsen, wo sie sich zuhause fühlten. Auch mit der Pflegefamilie Danz-Von Ditfurth, die Martina und ihre Schwester im ersten Heim kennengelernt hatten, hat sie bis heute eine enge Beziehung. «Beide Familien haben uns aufgenommen wie ihre eigenen Kinder, ohne dass wir bei ihnen dauerhaft gewohnt haben. Wir verbrachten die Wochenenden und die Ferien bei ihnen, sie schenkten uns ein Familienleben.»

Bald wechselte die Fussballerin vom FC Küsnacht zum damaligen FFC Zürich-Seebach (später FC Zürich Frauen). «Der Sport gab mir enorm viel», sagt Martina Röthlisberger. «Er lehrte mich, durchzuhalten, nicht aufzugeben und das Positive zu sehen. Er gab mir Zuversicht und Selbstvertrauen.» Fussball begleitet sie immer noch. Bis in die Nati B – die zweithöchste Liga – hat sie es geschafft. Vor ein paar Jahren trat sie ein wenig kürzer, um neben ihrem 100-Prozent-Job noch eine Weiterbildung zur Sozialversicherungsfachfrau EFZ zu absolvieren. Zurzeit ist sie Spielerin in einem 3.-Liga-Frauenteam.

Im Kinder- und Jugendheim lebten die Kinder in zwei Gruppen à je sieben Personen. Es gab viel Umschwung, einen Fussballplatz und eine atemberaubende Sicht auf den See. Im Heim werde man früh zu Selbständigkeit und Disziplin erzogen. «Jeden Freitag wurde die Wohngruppe geputzt, und jeder musste mithelfen, auch die Kleinen. Ab der Sekundarschule wuschen wir unsere Wäsche selbst und kochten einmal pro Woche für die ganze Gruppe.» Es gab Ämtli, eine klare Struktur und strikte Regeln. Immer um dieselbe Zeit Frühstück, um dieselbe Zeit Nachtruhe. Ab der Oberstufe gab es eine wöchentliche Auswertung: Was lief gut in dieser Woche? Was sollte verbessert werden? Was steht nächste Woche an? «Wurden Regelverstösse festgestellt, bekamen wir zum Beispiel weniger Fernsehzeit, oder es drohte ein Fussballverbot. Deshalb habe ich mich fast immer an die Regeln gehalten.» Auch wenn es für Aussenstehende vielleicht streng klinge: Die Regeln seien nicht unmenschlich gewesen und die Atmosphäre bei aller Struktur familiär. Und im Heim sei immer jemand da, der sich kümmere. «Im Winter sind wir jeweils eine Woche Ski fahren gegangen und im Sommer zelten, das kann sich auch nicht jede Familie leisten.» Mit Haushalts- und Gartenarbeiten mussten die Kinder und Jugendlichen, die alle öffentliche Schulen in Küsnacht und Zürich besuchten, Geld verdienen und so ein neues Fahrrad, ein

Paar Ski oder – in Martinas Fall – Fussballwochen und Trainingslager mitfinanzieren. «Wir mussten uns an grösseren Anschaffungen beteiligen, damit wir nichts als selbstverständlich erachteten.» Hat sie von den Regeln im Heim etwas in ihr jetziges Leben mitgenommen? «Ja», sagt sie lachend. «Ich habe im Heim gelernt, wie man sich das Geld einteilt. Ich mache mir noch heute ein Budget, so wie es mir der damalige Betreuer gezeigt hat.»

Betreut wurden die Kinder von fünf Sozialpädagoginnen und -pädagogen und einem Praktikanten oder einer Praktikantin. Die Praktikumsstelle wurde jeweils für ein Jahr besetzt. Auch im fixen Betreuerteam wechselte hin und wieder jemand die Stelle, Leute gingen, Leute kamen. «Ich habe mich früh daran gewöhnt, Veränderung zu akzeptieren, liebgewonnene Menschen gehen zu lassen und neue Situationen rasch zu akzeptieren.» Daraus habe sie eine Stärke entwickelt, die ihr heute zugutekomme, ist sie überzeugt. Sie hat keine Probleme, auf Leute zuzugehen und neue Bekanntschaften zu machen. Auch andere ihrer positiven Eigenschaften schreibt Martina Röthlisberger ihrer Heimbiografie zu: Teamfähigkeit, Verantwortungsbewusstsein, Herzlichkeit, gesunder Ehrgeiz. In ihrer Fussballmannschaft sei sie manchmal von den anderen Mami genannt worden. Weil sie reifer und fürsorglicher gewesen sei als ihre gleichaltrigen Kolleginnen.

«Die meisten Kinder von damals habe ich aus den Augen verloren, aber die zuständigen Sozialpädagoginnen und -pädagogen nicht. Sie waren Teil meiner Ersatzfamilie.»

Nach der Sportschule absolvierte sie eine KV-Lehre bei einer Krankenversicherung. Die Schwestern blieben gemeinsam im Heim, bis Martina im Alter von 17 Jahren in eine betreute Jugendwohnung auf dem Areal des Kinder- und Jugendheims zog. Hier lebten jene, die sich in einer Ausbildung befanden und sich auf ein eigenständiges Leben vorbereiteten. Man lebte zu zweit in der Wohnung, bekam aber Unterstützung bei Alltagsfragen oder

Problemen. Später lebte sie auch mit ihrer Schwester noch einige Zeit dort. Bis zum Erreichen der Volljährigkeit ist ein Platz im Heim oder in einer betreuten Jugendwohnung finanziell gesichert. Danach wird der Platz nicht mehr automatisch bezahlt. «Man muss sich entscheiden: Will man bleiben und sich dafür weiterhin an alle Regeln halten, oder will man gehen?»

Martina blieb und suchte sich erst nach Abschluss der Lehre eine eigene Bleibe. Für einige Zeit traf sie ihren Betreuer noch einmal pro Monat, danach liess sie das Fennergut ganz hinter sich. Heute lebt Martina Röthlisberger mit ihrer Partnerin in Zürich. «Ich bin froh, habe ich mich für eine sanfte, schrittweise Loslösung entschieden und bin nicht mit 18 sofort ausgezogen.» Sie habe einige Heimkinder gesehen, die zu früh gegangen und mit der erneuten Entwurzelung nicht zurechtgekommen seien. «Einige sind wieder ins Heim zurückgekehrt, andere sind abgestürzt.»

Da die beiden Schwestern ihre leibliche Mutter nie kennengelernt hatten, machten sie sich 2013 – da war Martina 21 Jahre alt – auf die Suche nach ihr. Gefunden haben sie einen Halbbruder und eine Halbschwester aus einer früheren Ehe der Mutter. Durch Gespräche mit ihnen und ihrer Familie konnte sich Martina Röthlisberger erstmals ein Bild ihrer Mutter machen. «Sie hat in der Vergangenheit viele Fehler gemacht, die schwere Folgen für andere Menschen hatten.» Wenn die Mutter gewollt hätte, wäre es einfach für sie gewesen, die Adresse oder Telefonnummer ihrer Kinder herauszufinden, ist Martina Röthlisberger überzeugt. Doch sie habe sich nie gemeldet. Vor ein paar Jahren lernte Martina schliesslich ihre jüngste Halbschwester kennen, das einzige von fünf Kindern, das bei der leiblichen Mutter aufgewachsen war, in prekären Verhältnissen. Deshalb ist Martina Röthlisberger ihrer Mutter heute dankbar, dass sie zumindest zwei ihrer Töchter so früh ins Heim gegeben und ihnen damit eine andere Kindheit ermöglicht hat. «Wäre

«Ich bin froh, habe ich mich für eine sanfte, schrittweise Loslösung entschieden und bin nicht mit 18 sofort ausgezogen.»

ich bei meiner Mutter geblieben oder erst später fremdplatziert worden, wäre mein Leben bestimmt schwieriger verlaufen», ist sie überzeugt.

Und der leibliche Vater? «Wir haben nur sporadisch Kontakt. Er hat sich nie sonderlich darum bemüht, uns zu sich zu holen.» Der Vater, der Wurzeln in Thailand und China hat, bekam später mit einer anderen Frau noch zwei Söhne, auch sie waren zwischenzeitlich fremdplatziert.

Nein, sie verspüre keine Wut mehr auf ihre Eltern. «Im Heim ging es mir gut, hier durfte ich Kind sein.» Und allein ist sie längst nicht mehr: Sieben Halbgeschwister hat sie insgesamt, einige von ihnen haben bereits selbst Kinder, dazu die leibliche Schwester und die fünf Kinder der beiden Pflegefamilien Benz und Danz-Von Ditfurth, die beiden Pflegemütter und die beiden Pflegeväter – da kommt ganz schön viel Familie zusammen. Wird sie heute nach ihrer Familie gefragt oder wo sie herkomme, sagt sie: «Ich erzähle es dir gern. Aber es dauert ein bisschen länger.»

«Ich habe gelernt, mich in kleinen Schritten mit meiner Geschichte zu versöhnen»

Urs Kaltenrieder

Er sei wie Bambus, sagt Urs Kaltenrieder lachend. «Das Leben hat mich widerstandsfähig und flexibel gemacht, nicht aber labil.» So könne ihn ein Windstoss nur beugen, nicht brechen. Er stehe immer wieder auf. Schon manchen Windstoss hat er überstanden. Hat früh erfahren, dass sich plötzlich alles ändern kann. Als er acht Jahre alt war, starb seine Mutter, zwei Jahre später der Grossvater. Zwei wichtige Menschen – für immer unerreichbar. Der Vater fand bald eine neue Frau, doch zwischen ihr und Urs «stimmte die Chemie nicht». Das Kind litt, mehrere Jahre lang. Der Vater, mal passiv, mal aggressiv zwischen den Fronten, konnte weder vermitteln noch entscheiden und wurde aus Ohnmacht oft bedrohlich. Irgendwann war die Verzweiflung so gross, dass Urs selbst entschied, unterstützt von seiner Tante, die realisierte, dass das Kind zugrunde gehen würde, wenn alles bliebe, wie es war.

Die Tante lernte über Umwege ein junges, kinderloses Ehepaar aus Trachselwald kennen. «Die könnten dich aufnehmen», sagte sie zum 13-Jährigen. Urs besuchte sie, sah sich alles an und platzierte sich quasi selbst. Ohne Beistand, ohne Behörde. Zwei Wochen nach der ersten Begegnung mit Rosmarie und Fritz Rothenbühler – am 2. Januar 1961 – zog er zu ihnen nach Trachselwald. Am nächsten Tag begann für ihn der Alltag in der neuen Schule. Wegen eines Missverständnisses klappte es mit der Begleitung nicht, und Urs musste den tief verschneiten Schulweg nach Kramershaus allein finden, musste das Schulzimmer und seine neue Klasse erst mal suchen. So kam er am ersten Tag zu spät, stand allein vor der Klasse, alle schauten ihn an, den Neuen. Urs fühlte sich fremd und einsam, der Schulstart missglückte. Zwei Wochen nach seiner Platzierung in Trachselwald bekam Urs von seiner Gotte aus Bern Besuch. Im Einzelgespräch sagte sie, dass sie es nicht zulassen werde, dass man ihn auf einem Bauernhof im Emmental ausnutze. Sie bot Urs an, mit ihr nach Bern zu kommen, bei ihr zu leben und die Schule in der Stadt zu beenden. Er lehnte ab und brach den Kontakt zur Gotte endgültig ab.

Viele Jahre sind seit der Fremdplatzierung vergangen. Mit dem Emmental verbindet Urs Kaltenrieder immer noch viel, auch wenn er längst nicht mehr dort lebt. Im Rahmen des von ihm und Susanne Frutig ins Leben gerufenen Jugendhilfe-Netzwerks Integration finden Kinder aus belasteten Verhältnissen bei sorgfältig ausgewählten Bauernfamilien – sogenannten Partnerfamilien – im Emmental und Entlebuch ein neues Zuhause. In der eigenen Tagesschule können sie in geschütztem Rahmen in ihrem Tempo lernen und ihre Stärken entdecken.

«Das Leben hat mich widerstandsfähig und flexibel gemacht, nicht aber labil.»

Dass er heute so offen über seine Kindheit spricht, ist nicht selbstverständlich. Lange hat Urs Kaltenrieder seine Geschichte für sich behalten. Ausser seiner Frau und einem Jugendfreund wusste kaum jemand Bescheid. Er wohnte in Interlaken und Bern, dann in Basel und später im Zürcher Unterland, wechselte seine Umgebung oft. Und jedes Mal schwieg er sich über seine Fremdplatzierung aus.

Auch sein berufliches Umfeld hat der diplomierte Sozialpädagoge, Erwachsenenbildner, Supervisor sowie Familien- und Systemtherapeut erst spät, im Alter von 57 Jahren, eingeweiht. Aus guten Gründen: «In Fachkreisen ist zum Teil bis heute die Annahme verbreitet, ehemalige fremdplatzierte Kinder eigneten sich nicht, um in diesem Bereich zu arbeiten.» Sie hätten zu wenig professionelle Distanz. Seien zu nah dran, zu emotional, nicht objektiv, so die verbreitete Einschätzung. Also schwieg er. Doch wenn in Fachgremien unqualifiziert und diskriminierend über die Betroffenen gesprochen wurde, brodelte es im ehemaligen Pflegekind. Dem einen oder anderen hätte er dann gern gesagt: «Du weisst nicht, wovon du sprichst. Ich weiss es, ich habe es erlebt.» In solchen Situationen wurde das Schweigen zur Qual.

Dann kam der Tag, an dem er nicht mehr schweigen wollte. Das war 2004, als im Regionalmuseum Langnau im Rahmen des Gotthelfjahres eine Ausstellung zum Thema Verdingkinderwesen gezeigt werden sollte. Das Jugendhilfe-Netzwerk Integration wurde eingeladen, einen Stand zu betreuen und darüber zu informieren, dass heute auch wieder Kinder im Emmental platziert werden, aber unter ganz anderen Rahmenbedingungen als in Zeiten des Verdingkinderwesens. Urs Kaltenrieder sollte die Eröffnungsrede an der Vernissage halten. Er wusste vorher, wer kommen würde: die Politprominenz, die beiden Regierungsstatthalter und viele ehemalige Emmentaler Verdingkinder. «Ich wollte vor den Ehemaligen nicht so tun, als wäre ihre nicht ansatzweise auch meine Geschichte. Also habe ich mich in meiner Ansprache zur Ausstellung geoutet.»

Anwesend waren auch Arbeitskollegen und Fachpersonen, mit denen Urs Kaltenrieder zum Teil bereits seit Jahren zusammengearbeitet hatte. «Viele wussten erst mal nicht, wie sie damit umgehen sollten. Einige kamen direkt danach zu mir und sagten, wie überrascht sie seien. Ein Behördenmitglied staunte, was aus Pflegekindern doch noch werden könne. Andere haben bis heute nicht darauf reagiert.» Die anwesenden ehemaligen Verdingkinder aber reagierten mit Dankbarkeit. «Da machte sich bei mir eine grosse Erleichterung breit», sagt Urs Kaltenrieder, «es tat gut, das Schweigen zu beenden.» Seither hat der Verein netzwerk-verdingt das Jugendhilfe-Netzwerk Integration bereits mehrmals besucht.

Im Rahmen des Jugendhilfe-Netzwerks Integration wurden mittlerweile rund 120 Kinder bei Partnerfamilien fremdplatziert. Kinder, die wie Urs Kaltenrieder ihr Zuhause unfreiwillig verlassen mussten. «Ich habe mir oft überlegt, wie meine Platzierung wohl heute verlaufen würde», sagt er. Abklärungen, Gutachten, Schulpsychologen, KESB, Beistände: Während nun jede Platzierung durch viele Instanzen hindurch beurteilt und beaufsichtigt wird, hätten sich die Behörden früher – zumindest auf dem Land – nur in ganz dramatischen Fällen eingeschaltet. «Ich wäre mit Sicherheit auch ein Fall für den Schulpsychologen oder den Kinderpsychiater gewesen.» Er sei zwar nicht «schwererziehbar» geworden, in der Schule bekam er aber nach dem Tod seiner Mutter nicht mehr viel mit. Die Konzentrationsfähigkeit massiv eingeschränkt, der Notendurchschnitt ungenügend. Mit Lesen und Schreiben hatte er grosse Mühe, dafür fiel ihm das Kopfrechnen leicht. Die Schule war für Urs nichts anderes als eine weitere Last. «Ich hatte Mühe mit theoretischem Wissen, das nichts mit meinem Leben zu tun hatte. Ich konnte nur begreifen, was ich auch im Alltag gebrauchen konnte.» Dasselbe Lernverhalten beobachtete Urs Kaltenrieder später bei vielen fremdplatzierten Kindern und Jugendlichen. «Viele lernen nur, worin sie auch einen unmittelbaren Sinn sehen.» Kinder aus bildungsnahen Verhältnissen lernten leichter, weil sie für ihre Lernleistungen mit elterlicher Anerkennung belohnt würden, stellt Urs Kaltenrieder fest. «Kinder passen sich an ihr Umfeld an. Lernt ein Kind problemlos und gern, handelt es sich dabei auch um eine Anpassungsleistung.» Weil diese Motivation – die Anerkennung der Eltern – bei fremdplatzierten Kindern vielfach wegfalle, sei das Lernen für sie so oft mit Schwierigkeiten verbunden. Da sie sich ausserdem oft mit existenziellen Fragen beschäftigen müssten, gehe es in der Schule eher darum, sich irgendwie über Wasser zu halten. Und dazu gehört, genau abzuwägen, welcher Teil vom Schulstoff unbedingt nötig und welcher vernachlässigbar ist. Auch Urs wog ab, schlängelte sich durch und versuchte die schulischen Probleme für sich zu behalten. «Ich wollte möglichst nicht auffallen. Ich hatte einfach nur den tiefen Wunsch nach Normalität und Anerkennung.»

Später entschied sich Urs für eine Lehre als Dachdecker, «da musste man weder viel lesen noch schreiben, und die Gewerbeschule dauerte nur sechs Wochen pro Jahr». Die Lehre absolvierte er in Interlaken. Wie in den Sechzigerjahren üblich, bezog er Kost und Logis bei seinem Lehrmeister. Nach drei Jahren bei den Pflegeeltern folgte also mit 16 Jahren eine erneute Entwurzelung. Vom Emmental ins Oberland, vom Land in einen belebten

Tourismusort, von fürsorglichen Pflegeeltern zur Untermiete bei Fremden. Und wie der erste Schultag in Trachselwald gestaltete sich auch dieser Anfang äusserst schwierig. Gleich am ersten Tag auf der Baustelle erlebte Urs mit, wie ein Bauarbeiter kopfüber vom Dach stürzte und noch auf der Unfallstelle verstarb. Ein Schock, den der Jugendliche allein einordnen und verarbeiten musste. Ohne psychologische Unterstützung, ohne Careteam.

Mit dem Umzug nach Interlaken war Urs erneut von heute auf morgen auf sich allein gestellt. Plötzlich hatte er viele Freiheiten – und war damit überfordert. Der Lehrmeister verschaffte ihm Zugang zu einer Jugendgruppe, in der er Halt und Anschluss fand.

Die meisten Jugendlichen sind mit einer solchen Situation überfordert. Doch bei fremdplatzierten Kindern werden in diesen Übergangsphasen zusätzlich traumatische Erfahrungen reaktiviert, sie verlieren an Selbstvertrauen und damit an Halt. Das erlebte Urs Kaltenrieder auch bei anderen Fremdplatzierten, die er beruflich betreute. Gerade bei Kindern, die in einem Heim oder einer Wohngruppe gross werden. «Fremdplatzierte Kinder haben nicht denselben Rückhalt wie die anderen. Die Vorbereitung auf das Erwachsenenleben beginnt in vielen Institutionen bereits früh. Da müssen die Kinder beispielsweise mit zwölf schon lernen, ihre eigene Wäsche zu waschen. Man muss sich das vorstellen: Sie werden aus ihrer Umgebung herausgenommen, kommen an einen neuen Ort, und kaum beginnen sie sich dort einzuleben, wird von professioneller Seite das Signal gesendet, man möge bald mal erwachsen werden. Das ist eine Doppelbotschaft, die eine Adoleszenzkrise noch verstärkt.» Derweil würden die Mitarbeitenden sozialer Einrichtungen in den meisten Fällen ihre Halbwüchsigen bis nach der Lehre oder dem Studium unterstützen.

«Ich hatte einfach nur den tiefen Wunsch nach Normalität und Anerkennung.»

Bei Urs Kaltenrieder zeigte sich die Krise in Unsicherheit und Einsamkeit. Unsicherheit auch, was seine berufliche Zukunft betraf. «Ich wusste vom ersten Tag an, dass ich nicht ein Leben lang Dachdecker sein wollte. Doch welche Alternative hatte ich? Bei meinem miserablen schulischen Leistungsausweis?» Dennoch keimte in ihm dank des Kontakts zur Jugendgruppe und dieses ersten Einblicks in die Jugendarbeit eine Vision, zeigte sich eine Richtung, in die es für ihn gehen könnte. Doch es blieb erst mal eine vage Idee.

Das Gefühl, ein Schulversager zu sein und lerntechnisch nichts auf die Reihe zu bekommen, begleitete ihn durch die Gewerbeschule und sollte sich ausgerechnet im Militär ändern: Hier erkannten seine Vorgesetzten Urs Kaltenrieders Potenzial und motivierten ihn wegen seiner Führungsstärke und trotz Schwächen in der Theorie, die Unteroffiziers- und schliesslich die Offiziersschule zu besuchen. Und dank des aufmerksamen Instruktionsoffiziers und Gymnasiallehrers Jean Langenberger, des Ehemanns der späteren Waadtländer Ständerätin und FDP-Präsidentin Christiane Langenberger, konnte Urs sein schulisches Trauma teilweise überwinden. «Ich hatte ziemlich Mühe mit dem Stoff und hätte die Offiziersschule nicht bestanden, wenn er mir nicht Nachhilfestunden gegeben hätte.» Plötzlich, nach all den Jahren, war da jemand, der, ohne Druck auszuüben, Hilfe anbot. Der sich Zeit nahm und jeden Abend den Stoff, der tagsüber unterrichtet wurde, mit Urs noch einmal durchging. Hydraulik zum Beispiel. Vorher furchteinflössend theoretisch, nachher konkret und lebensnah. «Das war 1968, und es war mein erstes Lernerfolgserlebnis.»

Der Knopf ging auf, wie man sagt, und nun war alles möglich: Urs absolvierte in Bern das 10. Schuljahr, um sein Allgemeinwissen zu verbessern, und besuchte danach in Basel die Berufsschule für Heimerziehung, die Vorgängerin der heutigen Fachhochschule für Soziale Arbeit. Hier lernte er Sergio Devecchi kennen. Der Kommilitone und spätere Heimleiter sei bei den Dozierenden gefürchtet gewesen, weil er seine eigene Meinung überzeugend vertrat, ihre Theorien in Frage stellte und sie mit der Realität konfrontierte. «Sergio und ich wussten nichts über die Fremdplatzierung des anderen. Wie ich schwieg auch er aus Selbstschutz und um in der Fachwelt nicht diskreditiert zu werden.»

An der Berufsschule für Heimerziehung kam Urs Kaltenrieder im Fach Pädagogik mit Theorien in Kontakt, die er bereits verinnerlicht hatte: «Hier wurde Wissen als Haltung definiert, Lernen als Begreifen verstanden. Die Freude galt endlich als zentrale Voraussetzung des Lernens und nicht die Pflicht. Denn man kann niemanden dazu zwingen, etwas zu lernen. Man kann nur jemanden dazu zwingen, sich zu unterwerfen.» Zwanzig Jahre lang arbeitete Urs Kaltenrieder nach seiner Zweitausbildung in der stationären und ambulanten Jugendhilfe, in der Jugendstrafrechtspflege sowie in der Kinder- und Jugendpsychiatrie. Zudem wurde er politisch aktiv, trat in die Sozialdemokratische Partei ein und arbeitete sich bis in den Zürcher Kantonsrat hoch. Lernen wurde ihm zur Freude, stetig bildete er sich weiter, autodidaktisch und im Rahmen verschiedener Lehrgänge in den Bereichen Erwachsenenbildung, Supervision, Organisationsentwicklung sowie Familien- und Systemtherapie, unter anderem beim Arzt und Systemtherapeuten Gottlieb Guntern in Brig. Und beinahe zufällig bekam Urs Kaltenrieder irgendwann auch eine fachärztliche Diagnose für sein Schulversagen: schwere Legasthenie, untherapiert.

«Meine berufliche Laufbahn ist weder akademisch geprägt, noch verlief sie geradlinig, sie ist gekennzeichnet von unzähligen Umwegen. Und es dauerte lange, bis ich mich Akademikerinnen und Akademikern gegenüber gleichwertig fühlte.» Diese Umwege brauchte es auch, bis Urs Kaltenrieder genug «Selbstvertrauen, Zuversicht und die Unverfrorenheit» besass, wie er es nennt, um seinen Lebenstraum von der Idee in die Tat umzusetzen: die Gründung des Jugendhilfe-Netzwerks Integration als Fundament der Stiftung Innovation/Emmental-Napf. «Ausgerechnet im Emmental mit seiner Verdingkindvergangenheit Pflegekinder bei Bauernfamilien platzieren zu wollen, stiess bei vielen erst mal auf Skepsis und Unverständnis.» Viel Überzeugungsarbeit mussten er und die Gründungsmitglieder Susanne Frutig sowie Ueli Haldemann leisten, unzählige Gespräche führen, immer wieder Vorurteile entkräften, bis die Idee eines Gemeinde- und Regionalentwicklungsprojekts im Rahmen der Jugendhilfe auf fruchtbaren Boden stiess. «Wir wussten nicht, wohin es führen und ob wir scheitern oder erfolgreich sein würden. Aber so ist das bei innovativen Ideen: Am Anfang steht das Tun, mit offenem Ausgang.» Jetzt steht das Jugendhilfe-Netzwerk als gefestigte und landesweit anerkannte Organisation da, die Kinder aus ausweglosen Situationen aufnehmen und ihnen eine langfristige Perspektive bieten kann.

Der Weg dahin war manchmal unkonventionell, ganz oft mutig und häufig flussaufwärts. Aber: «Innovation ist immer unkonventionell, die damit verbundene Unsicherheit muss man aushalten können.» Und vielleicht seien es gerade die persönlichen Unsicherheiten, Umwege, Verzweiflungszustände und Hürden gewesen, die ihm als Erwachsener die Stärke dafür verliehen hätten. Oder anders gesagt: Er habe stets den Glauben daran gehabt, wieder auf den Füssen zu landen.

Immer wieder erlebte Urs Kaltenrieder mit, wie belastend das Erwachsenwerden für fremdplatzierte Kinder, aber auch für deren Eltern und Pflegefamilien war. Was es vor allem brauche, sei Zeit, um die Jugendlichen auf einen guten Weg zu begleiten, «sonst ist die Absturzgefahr einfach enorm». Doch Zeit bedeute eben auch Geld. Ausserdem brauche auch in dieser Phase jedes Kind etwas anderes – da sei Fachpersonal gefordert, das hinschaue, die Nöte und Bedürfnisse der Kinder wahrnehme und bei Bedarf vom «Standardbüechli» abweiche. So wie es der Instruktionsoffizier Langenberger bei Urs Kaltenrieder getan hat. «Man muss den jungen Erwachsenen Raum geben, damit sie autodidaktisch lernen und dabei Selbstvertrauen gewinnen können. Gleichzeitig darf man sie nicht einfach ihrem Schicksal überlassen. Manche haben eine Resilienz entwickelt, mit der sie einiges aushalten und überwinden können. Andere sind so traumatisiert, dass geringste Erschütterungen sie aus der Bahn werfen.»

Heute kann ich mich vom Geschehenen berühren lassen.»

Was Urs Kaltenrieder selbst von seiner Fremdplatzierung ins Erwachsenenalter mitgenommen hat, ist die Erkenntnis, dass Veränderungen brutal sein können. Aber oft eben auch eine Chance in sich bergen. «Nach dem

Tod meiner Mutter und meines Grossvaters ging es mir schlecht, die Fremdplatzierung war eine Veränderung zum Guten.» Durch all die Umwege in seinem Leben hat er sich eine Flexibilität im Denken und Handeln angeeignet, die ihm beruflich, politisch und privat immer wieder hilfreich war und ist. «Gängige Lernpfade sind für mich problembehaftet, denn auf diesen habe ich ja meistens versagt. Das ist fest in mir verankert und hat mir ein lebenslanges Feuer für innovative Lösungen beschert.» Auf der anderen Seite aber blieb das Gefühl der Entwurzelung. Viele Sehnsüchte, die er bei seiner Herkunftsfamilie hatte, wurden bei der Pflegefamilie gestillt. Doch eine wirkliche Heimat hatte er nie. Seit dreissig Jahren wohnt Urs Kaltenrieder mit seiner Frau Theres in Regensdorf und fühlt sich dort wohl – aber eine Heimat? Nein, das sei ihm Regensdorf nicht geworden.

Durch das Reisen hat er vieles in seinem Leben sortieren und relativieren können, zum Beispiel durch mehrere Aufenthalte in Burundi, wo er 2014 gemeinsam mit Ruth Staub das Kinder- und Familienhilfswerk franziskusburundi.ch ins Leben gerufen hat. Auch über das Wesen des Lernens hat Urs Kaltenrieder in Afrika noch einmal viel verinnerlicht. Hat oft gestaunt über die Arroganz vieler Entwicklungshelfenden, die denken, das eigene Weltbild anderen überstülpen zu müssen. «Wer in einer fremden Kultur eins zu eins anwenden will, was in der eigenen gang und gäbe ist, kann nur grandios scheitern. Entwicklungszusammenarbeit funktioniert wie das Lernen ausschliesslich auf Augenhöhe, als wechselseitige, nicht als einseitige Beziehung.» Ein Schlüsselerlebnis – neben der intensiven, eigenen Biografiearbeit – sei gewesen, in Burundi Heimleiterinnen und -leiter zu erleben, die mit einfachsten Mitteln und mit Liebe ehemaligen Strassenkindern Sicherheit und Geborgenheit vermittelt hätten.

Wie hat das Älterwerden den Blick auf die Vergangenheit verändert? Haben ihn manche Themen eingeholt? Urs Kaltenrieder schüttelt den Kopf. Nein, was er jetzt im Alter spüre, sei etwas anderes: «Ich habe gelernt, mich in kleinen Schritten mit meiner Geschichte zu versöhnen. Heute kann ich mich vom Geschehenen berühren lassen.»

HINTERGRUND

An der Schnittstelle von KESB, Sozialämtern und Platzierungsorganisationen

Wie gibt man den Kindern und Jugendlichen im Platzierungsprozess eine Stimme? Was sind Kinderanwälte, und wann ist der richtige Zeitpunkt für eine Fremdplatzierung? Drei Fachpersonen nehmen Stellung zu drängenden Fragen. Marc Baumeler ist Verwaltungsratspräsident und Platzierungsleiter beim Jugendhilfe-Netzwerk Integration. Marina Marthaler arbeitet als Sozialarbeiterin im Bereich Erwachsene, in früheren Jahren war sie beim Sozialdienst Oberes Emmental angestellt. Während dieser Zeit baute sie in Trub (BE) für vier Geschwister, die Vollwaisen wurden, ein temporäres Heim mit auf. Konrad Steiner, ehemaliger Sozialdienstleiter und Berufsbeistand, ist Vizepräsident der KESB Mittelland Süd.

Was macht eine gelungene Fremdplatzierung aus?

Marc Baumeler: Jede Platzierung ist anders, da ist es schwierig, generelle Rahmenbedingungen festzulegen. Zwei Aspekte sind meiner Meinung nach für eine gute Platzierung ausschlaggebend. Erstens: eine gute, transparente Zusammenarbeit im Helfersystem, also von KESB, Beistand, Platzierungsorganisationen und Ähnlichem. Fremdplatzierte Kinder und Jugendliche bekommen diese Zusammenarbeit zwar nicht direkt mit, spüren aber stets sehr stark, ob eine solche gut funktioniert oder nicht. Trifft Letzteres zu, bleibt bei den Fremdplatzierten oft das Gefühl zurück, von verborgenen Mächten abhängig zu sein, die über ihr Leben bestimmen. Zweitens: Die Zusammenarbeit mit der Herkunftsfamilie ist sehr wichtig. Wenn leibliche Eltern in irgendeiner Form ja sagen können zu einer Fremdplatzierung, dann hilft das dem Kind sehr. Entscheidend dafür ist, dass sich alle Beteiligten auf ein gemeinsames Narrativ einigen können: Warum ist eine Platzierung nötig? Kinder beziehen die Situation immer auf sich und haben schnell das Gefühl, schuld zu sein.

Marina Marthaler: Das Kind braucht eine plausible Erklärung, die ihm altersgerecht nähergebracht wird. Es ist wichtig, genau hinzuschauen, um zu erkennen, ob ein Kind verstanden und akzeptiert hat, was man ihm als Erklärung anbietet. Zudem ist es für eine gute Platzierung zentral, dass die involvierten Fachpersonen zusammenarbeiten und Entscheidungen treffen. Das erfordert Mut zur Handlung. Ich habe auf dem Sozialdienst oft die Erfahrung gemacht, dass Fachpersonen zuwarten, weil niemand hinstehen und entscheiden will. Dann entsteht ein verwaschenes Irgendwas, bei dem niemand mehr weiss, was er oder sie genau tun soll. Die Kinder spüren das immer und müssen es aushalten.

Konrad Steiner: Im Zentrum stehen das Kind und die Frage, was es braucht, damit es sich gut und gesund entwickeln kann. Wenn die aktuellen Umstände dies auch mit unterstützenden ambulanten Hilfestellungen nicht garantieren können, dann sprechen wir von einer Fremdplatzierung. Sorgfältige Abklärungen sind dafür notwendig. Es braucht etwa eine Bedarfs- und Ressourcenanalyse des Kindes und seines Familiensystems. Falls eine

Fremdplatzierung nötig ist, dürfte diese nicht erst als letzte Möglichkeit in einer zugespitzten Krisensituation ergriffen werden. Sie sollte frühzeitig geplant werden – dann ist sie auch weniger traumatisierend für das Kind. Dabei wollen Kinder – wie wir alle – aufgeklärt werden. Sie wollen und sollen mit ihren Bedürfnissen nach Orientierung und Bindung ernst genommen werden. Fachpersonen sollen ihnen gegenüber Interesse und Verständnis zeigen. Idealerweise wird eine Platzierung ausprobiert, und das Kind kann erleben, wie das in dieser Pflegefamilie oder in jener Institution so ist. Für all diese Schritte braucht es von den Involvierten Mut, hinzustehen und zu entscheiden, und zugleich die Bereitschaft zur Zusammenarbeit – und vor allem: Empathie gegenüber dem Kind.

Wann ist der richtige Zeitpunkt für eine Fremdplatzierung?

Konrad Steiner: Jedes Kind hat seine Eltern gern, auch wenn es sich unter schwierigsten oder prekären Bedingungen bei ihnen aufhält. Die Unterbringung weg von den Eltern ist immer ein massiver Einschnitt. Ebenso kämpfen Eltern um ihre Kinder, selbst wenn sie wissen, dass sie – aus unterschiedlichsten Gründen – nicht genügend Ressourcen aufweisen, um dem Kind eine sichere Entwicklung zu ermöglichen. Ich beobachte, dass oftmals sehr lange versucht wird, einen schwierigen Zustand zuhause zu regeln. Wenn dann die Situation eskaliert, wird unter hohem Zeitdruck und teilweise überstürzt gehandelt. Darum muss man gut hinschauen und beobachten, wie sich eine Situation entwickelt. Manchmal reicht es, eine temporäre Entlastungssituation zu schaffen. Wichtig ist immer, dass man Dynamik aus einer Situation rausnimmt und nicht gar mithilft, eine emotionsgeladene Situation noch stärker zum Schwingen zu bringen. Gespräche mit den Eltern sind dabei wichtig. Ich will zunächst wissen: Was sind die Ressourcen der Eltern, sind sie überlastet und wenn ja, warum? Wäre eine Fremdplatzierung entlastend? Wie haben sie es bis jetzt geschafft, was hat ihnen geholfen, und was bereitet ihnen die grössten Schwierigkeiten? Wenn man dann Kindern und Eltern verschiedene Möglichkeiten aufzeigen kann, gibt man ihnen Wahlfreiheit, das fördert auf allen Seiten die Akzeptanz für Entscheide.

Was, wenn es während einer Fremdplatzierung zu Problemen kommt?

Marc Baumeler: Dass es im Rahmen von Fremdplatzierungen zu Krisen kommt, ist klar. Trotzdem: Oft, wenn die Krise da ist, agieren die Beteiligten, als wäre dies etwas Aussergewöhnliches. Dabei müssen wir Fachleute diese Krisen unbedingt vorwegnehmen, damit es im akuten Fall nicht zu Hauruckübungen kommt. Solche sind traumatisierend und haben negative Auswirkungen auf das Kind, zum Beispiel, wenn es überstürzt umziehen muss. In Krisen helfen zudem strukturierte, geregelte Abläufe und klare Ansprechpersonen.

Marina Marthaler: In Krisensituationen müssten die Beistände erreichbar sein. Die Eltern oder Pflegeeltern wollen nicht drei Tage warten, wenn sie ein Anliegen haben. Es geht nicht darum, dass Beistände mitten in der Nacht verfügbar sein müssen, aber wenn die Eltern mehrere Tage warten müssen, wird es schwierig. Dies ist leider oft der Fall, weil Beistände aufgrund der Dossiermenge überlastet sind und viele Teilzeit arbeiten.

Wie oft sollen Kinder ihre leiblichen Eltern während einer Platzierung sehen?

Konrad Steiner: Wichtig ist die Haltung, dass die Eltern ein Teil des Platzierungssytems sind. Auch wenn Elternarbeit anspruchsvoll ist, ist dies kein Grund, die Eltern aussen vor zu lassen oder sie gar als Störfaktoren zu sehen. Generell sind die Besuchsintervalle bei kleineren Kindern kürzer als bei grösseren – so wird beispielsweise zunächst auf Übernachtungen verzichtet. Mit zunehmendem Alter wird mehr Rücksicht auf die Meinung des Kindes genommen. Das Bundesgericht erachtete in einem Urteil ein Kind im zwölften Lebensjahr als urteilsfähig, um über den Kontakt zu seinen Eltern selbst bestimmen zu können. Dieses Urteil gilt für die KESB als Richtschnur. Bei den Besuchen ist es wichtig, dass wir uns folgende Frage stellen: Welche Rahmenbedingungen benötigt das Kind, damit es sich in Sicherheit weiss und die Besuchszeiten gut erleben kann? Um dies sicherzustellen, gibt es die verschiedensten Möglichkeiten: etwa begleitete Übergaben, Besuchsrechtsbegleitung oder Elterncoaching durch Erziehungsberatungen. Auch Eltern sind manchmal überfordert und brauchen fachliche Hilfe, damit die Besuche von allen Beteiligten gut erlebt werden können und nicht belastend sind. Es kommt vor, dass Kinder den Kontakt zu den Eltern abbrechen wollen. Dann gilt es, Fragen zu klären wie: Was steht hinter der Aussage, wenn kleine Kinder sagen, sie wollen den Papa nicht sehen? Manchmal sind es simple Gründe, beispielsweise, weil es beim Papa langweilig ist. Oder die Eltern schimpfen über die Pflegeeltern, obwohl es dem Kind bei den Pflegeeltern doch gut gefällt. Ein gelingender Kontakt zu den Eltern soll Bestandteil der Fremdplatzierung sein. Denn bricht dieser dauerhaft ab, können Kinder kein realistisches Bild ihrer Eltern entwickeln, und sie beginnen, sie zu idealisieren oder zu dämonisieren. Auch die Pflegeeltern müssen in den Prozess der Ausübung des Besuchsrechts involviert werden. Denn auch sie wollen sicher sein, dass es dem Pflegekind während der Besuchszeit bei den Eltern oder einem Elternteil gut geht. So sollen Bedingungen geschaffen werden, damit Kinder erfahren dürfen, dass sie ohne Schuldgefühle die Eltern oder einen Elternteil besuchen dürfen und umgekehrt auch den Aufenthalt in der Pflegefamilie geniessen dürfen. Die Kinder brauchen diese «emotionale Erlaubnis».

Ehemalige Fremdplatzierte sprechen immer wieder davon, «keine Stimme» gehabt zu haben. Warum werden Kinder im Prozess oft übergangen?

Marc Baumeler: Ich finde es eindrücklich, dass einer der ältesten Porträtierten, Urs Kaltenrieder, bei seiner Fremdplatzierung am meisten mitsprechen konnte. Es heisst also nicht, dass die Kinder früher weniger mitreden konnten, im Gegenteil: Zoey Stark, eine der jüngeren Interviewten, wurde vergleichsweise wenig angehört.

Marina Marthaler: Während meiner Tätigkeit auf dem Sozialdienst im Bereich Kinder und Jugendliche nahm ich oft wahr, dass viele vor Gesprächen mit Kindern Angst und Respekt haben. Sie wollten dann die Fälle einfach unter den Fachleuten klären. Viele wissen gar nicht, wie sie mit einem Kind sprechen sollen. Und die Atmosphäre auf einem Sozialamt ist für ein Kind auch nicht besonders einladend.

Konrad Steiner: Es gibt einen Bundesgerichtsentscheid, der besagt, dass Kinder ab sechs Jahren angehört werden müssen, aber eine solche Anhörung kann auch schon bei jüngeren Kindern erfolgen. Während einer Platzierungsphase sprechen wir von Kindesanhörung. Viele haben Respekt, mit Kindern zu sprechen. Doch wenn man Interesse zeigt, tun Kinder in der Regel auch ihre Ansichten und Bedürfnisse kund.

Wie spricht eine Fachperson am besten mit einem Kind?

Marina Marthaler: Es gibt entsprechende Weiterbildungen mit Kinderpsychologen, aber es bleibt oft bei der Theorie. In einem Kurs, den ich absolviert habe, wurden Kinder und Jugendliche eingeladen. Wir stellten Gespräche nach, und man gab uns anschliessend ein direktes Feedback. Das war äusserst gewinnbringend.

Marc Baumeler: Mit Kindern sprechen lernt man nur, indem man mit Kindern spricht. Für mich wäre dies ein Thema für die Ausbildung: Wie führt man eine Anhörung mit einem Kind durch? Welches ist der richtige Rahmen für ein Gespräch? Ein solches muss nicht im Büro stattfinden, es gibt viele Gestaltungsmöglichkeiten. Man kann beispielsweise mit einem Kind in den Park gehen.

Bei Kinderanwältinnen und -anwälten handelt es sich um erfahrene Fachpersonen mit entsprechenden Aus- und Weiterbildungen in den Bereichen Recht, Kinderpsychologie und Kindesschutz. Ist ihr Einsatz sinnvoll, um Kindern eine Stimme zu geben?

Konrad Steiner: Wir setzen Kinderanwältinnen und -anwälte regelmässig in Verfahren ein. Gerade bei einer strittigen Platzierung ist dieses Instrument sehr wichtig. Während ein Beistand oft zwischen dem Kind, den Eltern und der Platzierungsorganisation vermittelt, haben sie eine anwaltliche Funktion: Sie vertreten ausschliesslich die Interessen des Kindes. Um herauszufinden, welches dessen Bedürfnisse und Wünsche sind, müssen sie mit dem Kind sprechen. Damit wird dem Anspruch auf Einbezug und Partizipation des Kindes Rechnung getragen. Für uns als KESB sind das sehr wertvolle Sachverständige.

Marc Baumeler: Ich erachte die Zusammenarbeit mit Kinderanwältinnen und -anwälten als sehr gewinnbringend. Kinder sind automatisch vertreten, das macht in den Verfahren einen grossen Unterschied.

Wenig Ressourcen, wenig Zeit, Mängel in den Ausbildungen: Wo liegen die Defizite der Fachleute?

Marina Marthaler: Ich beispielsweise arbeitete früher beim Sozialdienst 60 Prozent und war für 64 Dossiers verantwortlich. Hinzu kamen noch Teamsitzungen. Das führt zwangsläufig zu Abstrichen bei der Betreuung. Zudem war die Ausbildung zur Sozialarbeiterin generalistisch. Entwicklungspsychologie und Kindesschutz waren keine Themen. Natürlich kann man auch nicht alle Kompetenzen lernen, viel hat mit praktischer Erfahrung und dem Mut zum Handeln zu tun. Statt die Fälle bürokratisch zu verwalten, muss man vor Ort schauen gehen, wo genau die Probleme liegen.

Konrad Steiner: Ich sehe das Problem bei der Ressourcenknappheit. Haben Beistandspersonen zu wenig Zeit für aufwändige Fälle, müssen andere Player übernehmen: die KESB, ambulant tätige sozialpädagogische Familienbegleiterinnen und -begleiter oder Platzierungsorganisationen. Ausserdem müssen sie in verschiedenen Feldern – von Kindes- und Erwachsenenschutz, wirtschaftlicher Sozialhilfe oder Sozialversicherungen – Kompetenzen erwerben, was viel Zeit benötigt.

Marc Baumeler: Die Ressourcenknappheit führt zur absurden Situation, dass wir pro Familie fast vier A4-Seiten brauchen, um alle involvierten Personen und Stellen aufzulisten. Beim Fachwissen sehe ich weniger Probleme: Ich habe den Eindruck, dass die Sozialarbeiterinnen und -arbeiter über gutes Fachwissen verfügen – manchmal ist ihr Knowhow vielleicht zu theoretisch.

Einrichtung oder Pflegefamilie, in der Stadt oder auf dem Land – gibt es genügend Angebote?

Konrad Steiner: Im Idealfall gäbe es ein Ampelsystem, das mir gleich anzeigt, wo es freie Plätze hat, und im besten Fall steht alles auf Grün. In der Realität beobachte ich, dass wir eine grosse, sich ergänzende Vielfalt an Platzierungsformen haben. Diese reichen von begleiteten Besuchsrechten über Mutter-Kind-Häuser, Pflegefamilien mit oder ohne Coaching, Platzierungsorganisationen und Kinder- und Jugendheime mit oder ohne interne Schulen bis hin zu sozialraumorientierten Übergangsformen. Diese Vielfalt hat sich aus konkreten Bedürfnissen heraus entwickelt. Die Möglichkeiten vereinfachen es, die passende Platzierungsform für ein Kind zu finden. Aber: Man muss in der weit verzweigten Versorgungslandschaft den Überblick wahren und die einzelnen Angebote kennen, sonst bekommt die Entscheidung betreffend das Platzierungssetting etwas Zufälliges. Die vielfältigen Angebote zu überblicken, ist jedoch anspruchsvoll. Mit dem neuen Gesetz über die Förder- und Schutzleistungen für Kinder soll nun Klarheit geschaffen werden. Dieses verlangt eine bedarfsgerechte Angebotsplanung, transparente Preisgestaltungen und die Einhaltung von Qualitätsstandards.

Marina Marthaler: Ich sehe das Projekt in Trub, das ich zusammen mit dem Jugendhilfe-Netzwerk Integration aufgleisen konnte, als beispielhaft. Ich wurde während meiner Zeit auf dem Sozialdienst Vormundin von vier Geschwistern, die Vollwaisen geworden waren. Die Kinder sagten mir klar, dass sie zusammenbleiben und nicht umziehen wollten. Es ist natürlich fast unmöglich, einen Platz für vier Kinder gleichzeitig zu finden. Also beschloss ich, für diese vier Geschwister in ihrem Elternhaus ein temporäres Heim zu errichten, das ich selbst leitete. Dank der guten Zusammenarbeit mit den Behörden konnten wir das Angebot immer wieder auf die Bedürfnisse abstimmen.

Marc Baumeler: Ich stelle fest, dass das System flexibler geworden ist und der massgeschneiderte Kindesschutz mehr Gewicht erhalten hat. Diese Vielfalt schützt davor, dass man ein Kind einfach dorthin schickt, wo gerade ein Platz offen oder wo es möglichst günstig ist.

Wohnheim oder Pflegefamilie: Wie findet man heraus, welche Wohnform für welches Kind die geeignetere ist?

Konrad Steiner: Das klingt vielleicht etwas technisch, aber für diesen Entscheid braucht es eine Ressourcen- und Bedarfsanalyse. Diese umfasst ganz konkrete Fragen: Wie alt ist das Kind? Wie sieht die Schulsituation aus? Hat das Kind eine körperliche Behinderung, muss es gar gepflegt werden? Kann es am Wochenende und während der Ferien bei den Eltern sein? Braucht es eine Krisenintervention, eine Abklärung oder eine längerfristige Platzierung?

Wie sieht es mit der örtlichen Integration in Schule, Kultur- oder Sportvereine aus? Wie gross sind die Anforderungen an die Elternarbeit? Diese und weitere Indikatoren weisen dann auf die passende Platzierungsform hin.
Marc Baumeler: Für mich ist die Situation der Herkunftsfamilie sowie der emotionale Entwicklungsstand des Kindes ausschlaggebend. Wenn beide Eltern beispielsweise für viele Jahre ins Gefängnis müssen, ist eine längerfristige Unterbringung nötig, und dann ist ein Kind in einer Pflegefamilie womöglich am besten aufgehoben. Geht es um eine Platzierung für wenige Monate, würde ich eher von einer Pflegefamilie abraten, weil dann die Rückplatzierung emotional schwieriger ist. Für Jugendliche in der Autonomisierungsphase ist sicher die Peer-Gruppe wichtig, da würde ich eine Heimlösung in Erwägung ziehen. Die Stärken des Wohnheims sind sicher die hohe Fachkompetenz und Professionalität, die Stärke von Pflegefamilien die hohe Beziehungskonstanz. Gerade auf Letzteres sind Kleinkinder für eine gesunde Entwicklung angewiesen. So oder so: Der Entscheid sollte im besten Sinn des Kindes sein und nicht primär den Bedürfnissen der Eltern nachkommen, die aufgrund der Konkurrenzsituation oft eher gegen Pflegefamilien sind. Doch auch bei dieser Entscheidung ist die Partizipation des Kindes zentral, wir können es schliesslich fragen, wo es sich wohlfühlen würde. Im besten Fall kann es sogar an mehreren Orten schnuppern gehen. Leider ist dies nicht immer möglich. Entweder sind gar keine Plätze vorhanden, oder es heisst: «Wir können Ihnen den Platz nicht lange frei halten.»
Marina Marthaler: Bei traumatisierten Kindern, die beispielsweise misshandelt wurden, kann die enge Beziehung in einer Pflegefamilie bedrohlich sein. In einem solchen Fall ist vielleicht ein Heimplatz die bessere Lösung. Auf der Suche nach einem geeigneten Platz braucht es auch eine Portion Hartnäckigkeit: Wenn eine Organisation sagt, sie habe keine freien Plätze, muss man halt mehrmals nachfragen.

Was tun, wenn das Kind wieder zu den leiblichen Eltern zurückkehren möchte?

Marc Baumeler: Fast alle Kinder, die ich begleitet habe, haben irgendwann von sich aus diesen Wunsch geäussert und gesagt: «Ich würde es gerne nochmals zuhause probieren.» Oft dann, wenn sie realisieren, dass sich ihre Kindheit beziehungsweise Jugend langsam dem Ende zuneigt. Diesen Wunsch gilt es, sehr ernst zu nehmen, denn es ist ein Menschenrecht, dass Kinder zu ihren Eltern gehen können. Kinder und Jugendliche, die das wollen, sollten es ausprobieren dürfen. Meine Erfahrung ist, dass man fast immer eine gute Lösung findet, wenn man miteinander spricht und sich dieses Bedürfnis genau anschaut. Eigentlich sollte die Zusammenarbeit mit der Herkunftsfamilie ja während der ganzen Fremdplatzierung eng sein. Ein Beispiel aus unserer Praxis: Ein Kind hat regelmässig Kontakt zur Mutter. Seit fünf Jahren ist es fremdplatziert, in dieser Zeit hat die Mutter eine Ausbildung absolviert. Mittlerweile geht sie einer geregelten Arbeit nach, und wir trauen ihr zu, dass sie das Kind wieder bei sich aufnehmen kann. Wir gehen auf die Mutter zu, und sie meint, dass ihr der Zeitpunkt noch zu früh sei. Wir setzen uns gemeinsam ein Jahr später als Ziel. Nun können wir die Rückplatzierung zusammen mit Kind und Mutter im Voraus planen – gemeinsam mit der KESB. Das ist natürlich ein Idealfall. Probleme treten etwa dann auf, wenn Eltern ihr Kind zurückmöchten, die KESB aber davon abrät. Doch wenn man den Kontakt zur Herkunftsfamilie pflegt, kann man auch solche Krisen vorwegnehmen und sich entsprechend vorbereiten.

Konrad Steiner: Es ist ausserordentlich wichtig für den Kindesschutz, genau zu schauen, was hinter dem Wunsch steckt, wieder nachhause zu ziehen. Besteht ein Loyalitätskonflikt zwischen Herkunftsfamilie und Pflegefamilie, den die Kinder nicht mehr aushalten, oder sorgen sie sich ums Wohl der Eltern? Beim Entscheid sind die Beobachtungen von Beistandspersonen und den Betreuenden sehr wichtig, ebenso die Frage, ob die Eltern bei einer Rückplatzierung ausreichend pädagogisch oder psychologisch begleitet werden.

Marina Marthaler: Rückblickend auf meine erste Zeit beim Sozialdienst muss ich sagen: Damals war ich nicht qualifiziert genug für solche Entscheide wie jenen nach dem geeigneten Rückplatzierungszeitpunkt. Mir fehlte es zum Teil an Fachwissen, und die Fallbelastung war zu hoch. Die leiblichen Eltern können sich dieser Frage natürlich einfach entziehen, wenn die Sozialarbeiterinnen und Sozialarbeiter keine Zeit haben, immer wieder nachzuhaken.

Wie gehen Sie damit um, dass jede Ihrer Entscheidungen grosse Auswirkungen auf andere Leben hat?

Marina Marthaler: Früher versuchte ich mich mithilfe der Bürokratie abzugrenzen. Ich war nur während der Arbeitszeiten erreichbar und gab mich zu wenig als Mensch zu erkennen, der auch mal mitleidet. Doch eine solche Abgrenzung darf nicht zulasten des Kindes oder der Familie gehen. Wenn diese eine dringende Frage haben, sollen sie nicht warten müssen, bis ihre Betreuungsperson wieder im Büro ist. Jede Fachperson muss sich selbst die Frage stellen, wie viel er oder sie tragen kann. Tatsache ist aber, dass man nicht nur fachlich entscheiden kann. Es ist ein emotionales Thema mit grossen Auswirkungen – auch auf die Betreuungspersonen.

Marc Baumeler: Helfen ist wie ein Sumpf: Wenn man drinsteht, geht man mit unter, aber man kann niemandem aus dem Sumpf helfen, ohne sich die Füsse schmutzig zu machen. Natürlich bin auch ich zuweilen emotional betroffen. Ich lebe immer dann gut mit meinen Entscheidungen, wenn ich weiss: Ich habe das Kind mit auf den Weg genommen, und es konnte sich einbringen. Auch wenn sich die Entscheidung im Nachhinein als Fehler herausstellt. Und wenn ich immer offenbleibe gegenüber anderen Meinungen und in der Lage bin, einen Perspektivenwechsel einzunehmen. Kinder und Jugendliche sind zwar sehr sensibel, sie entwickeln aber auch eine unglaubliche Stärke. Wenn ich sehe, was die Kinder in unserem Jugendhilfe-Netzwerk für Ressourcen mitbringen, ist das sehr beeindruckend. Diese Stärke muss man ihnen aktiv eingestehen.

Konrad Steiner: Dass man manchmal nicht gut schlafen kann, ist Teil des Jobs. Es ist emotional ein belastendes Thema, und es ist wichtig, die Balance zu halten zwischen Fachlichkeit, Distanz und Empathie. Mich bewegen jene Fremdunterbringungen am meisten, die misslingen, weil oftmals unter Zeitdruck nicht sorgfältig genug vorgegangen wurde. Hier gilt es, einen Gang zurückzuschalten, eventuell eine Zwischenlösung zu wählen und die notwendigen Abklärungen zu tätigen, damit eine Dauerplatzierung auch wirklich den Kindesbedürfnissen gerecht wird. Als Fachperson muss man das Spannungsfeld zwischen «der Gefährdung rasch begegnen» und «seriös abklären» aushalten. Dazu sind neben Empathie ebenso Managementqualitäten gefragt. Hilfreich für uns Fachpersonen bei der KESB sind unter anderem Austauschgefässe und kollegiale Absprachen. So können wir uns in dringenden Entscheiden interdisziplinär besprechen und unterstützen.

2013 trat das neue Kindes- und Erwachsenenschutzrecht in Kraft. Um dieses umzusetzen, wurde die Kindes- und Erwachsenenschutzbehörde KESB gegründet. Warum brauchte es diese Professionalisierung?

Marc Baumeler: Vor der Gründung der KESB war die Situation vollkommen unübersichtlich. Jede Vormundschaftsbehörde organisierte sich auf kommunaler Ebene anders. Zwar wurde oft gute Arbeit geleistet, doch es herrschten dennoch Rechtsunterschiede, gerade zwischen städtischen und ländlichen Regionen. Auch die KESB ist im Kanton Bern beispielsweise immer noch auf mehrere Standorte aufgeteilt, aber es herrscht eine klarere Struktur.

Marina Marthaler: In Bezug auf die Kindesanhörung hat die KESB nötige Standards eingeführt. Ich habe es mehrmals erlebt, dass die KESB den Sozialämtern einen Fall zurückgespielt und verlangt hat, dass das Kind umfangreicher in die Platzierung einbezogen werden müsse.

Konrad Steiner: Vor meiner Tätigkeit bei der KESB arbeitete ich als Berufsbeistand, danach als Sozialdienstleiter. In der letztgenannten Funktion war ich auch Sekretär der politisch zusammengesetzten Vormundschaftsbehörde. Es handelte sich also um eine Laienbehörde, bestehend aus Mitgliedern mit den verschiedensten beruflichen Hintergründen. Diese waren stets sehr engagiert, doch oft überfordert mit der Komplexität der Fälle, die entsprechende Kenntnisse in den Bereichen Recht, Pädagogik und Entwicklungspsychologie erforderten. Dies lag auch daran, dass die Fallmenge – je nach Grösse der Gemeinden – so gering war, dass die Behördenmitglieder kaum genügend Erfahrungen sammeln konnten. Es fehlte also nicht an gutem Willen, sondern an Fachlichkeit und an einem entsprechenden Mengengerüst. Natürlich entwickelt sich auch die KESB entsprechend den gesammelten Erfahrungen stets weiter. Diese Dynamik ist wichtig: Wenn heute ein Entscheid gefällt wird, heisst das nicht, dass dieser nun für alle nachfolgenden Fälle gelten muss. Jede Situation ist einzigartig, und es gilt, sie individuell zu bearbeiten. Hierzu nutzen wir die interdisziplinäre Sichtweise der Mitglieder unserer Fachbehörde. Zudem ist die KESB mittels Pikett 24 Stunden erreichbar. Ich habe Verständnis dafür, dass Beistände nicht rund um die Uhr für Krisensituationen erreichbar sind, sie müssen sich ja auch erholen oder Ferien machen. Es braucht jedoch bei ihren Abwesenheiten eine Stellvertretung. So kommt es immer wieder vor, dass beispielsweise eine Mutter bei der KESB anruft und sagt: «Mein Beistand ist nicht erreichbar.» Damit wären wir wieder beim Thema Ressourcenknappheit.

Warum stand die KESB zu Beginn derart unter öffentlichem Druck und medialer Kritik?

Marina Marthaler: Ich habe das Thema Gefährdungsmeldungen der KESB im Rahmen meiner Masterarbeit thematisiert. Dafür erhielt ich Einsicht in konkrete Fälle. Meine Untersuchung ergab, dass jene Leute, die eine Gefährdungsmeldung machen, eine bestimmte Erwartungshaltung mitbringen. Vielleicht sehen sie sich als Opfer und möchten von der KESB in dieser Haltung bestätigt werden. Aber die KESB hat ein anderes Fallverständnis: Sie ergreift nicht für die meldende Person Partei. Wird diese jedoch in ihrer Erwartung nicht bestätigt, hat sie schnell ein negatives Bild von der KESB.

Konrad Steiner: Die Kindes- und Erwachsenenschutzbehörde bewegt die Menschen und ihre Gemüter. Dass über sie kontrovers diskutiert wird, erstaunt nicht. Denn wo sie tätig wird, geht es um höchst persönliche Themen wie Selbstbestimmung, Familie oder Kinder. Vielfach begegnen die KESB-Mitarbeitenden in ihrer Arbeit Menschen in schweren Lebenskrisen. Häufig sind auch massive familiäre Konflikte Grund für ihr Tätigwerden. Die Arbeit in diesem hochsensiblen Umfeld ist anspruchsvoll und erfordert von den KESB-Mitarbeitenden Fingerspitzengefühl, Augenmass und Verständnis für die betroffenen Menschen und Familien. Ebenso wichtig ist es, dass die Betroffenen und ihr Umfeld in die Zusammenarbeit mit der KESB Vertrauen haben können und eine konkrete Vorstellung von dieser Behörde haben. Warum greift die KESB ein, wie arbeitet sie mit anderen Stellen zusammen, was ist das Ergebnis ihrer Interventionen? Wenn die Betroffenen im Laufe der Zeit gute Erfahrungen mit unseren Massnahmen machen, steigert dies die Akzeptanz. In der Anfangsphase der KESB trug die mangelnde adressatengerechte Kommunikation zu negativen Rückmeldungen bei. In ihren Entscheiden hält die KESB zunächst die Situation, den Sachverhalt, fest und formuliert ihre Überlegungen. Dabei ist wichtig, dass sie sich nicht nur mit denjenigen Aspekten auseinandersetzt, die mit Blick auf das Kindeswohl ungenügend sind, sondern auch die bestehenden Ressourcen wertschätzt und darlegt, was gut funktioniert. Diese Auseinandersetzung ergibt dann den sogenannten Schutzbedarf, aufgrund dessen über die erforderlichen Kindesschutzmassnahmen entschieden wird. Zentral für die Akzeptanz einer behördlichen Kindesschutzmassnahme ist, dass sich die Betroffenen in diesen Darlegungen wiedererkennen. Und damit sie sich wiedererkennen können, müssen sie das Geschriebene verstehen. Anfangs wurde in den Entscheiden eine zu akademische Sprache gebraucht. Diesbezüglich hat die KESB eine grosse Entwicklung durchlaufen, mittlerweile bestehen zum Beispiel Leitfäden und Broschüren in einfacher Sprache. Auch die Mustervorlagen für die KESB-Entscheide wurden in verständlicherer Sprache verfasst. Ein ganz zentrales Problem bei negativen Schlagzeilen ist: Wenn sich jemand mit einer vermeintlichen Unrechtbehandlung an die Medien wendet, ist es für die KESB aus Datenschutzgründen schlicht nicht möglich, zum Fall Stellung zu nehmen und das vermittelte Bild mit ihr vorliegenden Fakten allenfalls zu korrigieren.

Marc Baumeler: In der Schweiz ist der Begriff Fremdplatzierung durch die Geschichte der Verdingkinder, die weiter aufgearbeitet wird, immer noch sehr negativ behaftet. Darum probiert man so vieles aus, um eine Fremdplatzierung zu vermeiden, und dieses Hinauszögern geht zulasten des Familiensystems und der Kinder. Dabei sollten Fremdplatzierungen nicht die letzte Möglichkeit sein, wenn alle anderen Stricke gerissen sind.

«Ich fühlte mich wie ein Objekt, das man hin- und herschiebt»

Vlora Sticher

Vlora war elf Jahre alt, als sie zum ersten Mal erlebte, was Familie eigentlich ist. An die Zeit davor erinnert sie sich gut. An ihre leiblichen Eltern, die in die Schweiz eingewandert waren, jung Kinder bekommen hatten und mit Vlora und deren drei Geschwistern, mit der neuen Heimat, überfordert waren. Daran, dass «unsaubere Geschichten» liefen. Illegale Waffen etwa, die unter dem Ehebett und im Schrank gelagert worden seien. Und sie erinnert sich an das Gefühl, belogen und geschlagen zu werden.

Vlora wurde 1987 als dritte Tochter eines kosovarischen Ehepaars geboren. Die Eltern waren konservativ, muslimisch, lebten aber nicht strenggläubig. Der Vater arbeitete als Lastwagenchauffeur, die Mutter war Hausfrau. Sie wohnten in der Nähe von Zürich in einer Sozialwohnung. Mit Schweizern hatten sie kaum Kontakt, man blieb unter seinesgleichen, viele Verwandte lebten ebenfalls in der Schweiz. Sie habe früh gespürt, dass sie als Mädchen nicht besonders wertgeschätzt, dass sie für ihre Eltern eigentlich eine Enttäuschung gewesen sei, erzählt Vlora Sticher. «Sie wollten einen Stammhalter. Das vierte Kind, mein kleiner Bruder, war dann endlich die Erlösung für sie.» Die Kinder wurden mit Härte und Kälte erzogen. Schläge seien an der Tagesordnung gewesen, «psychische und physische Gewalt war für meine Eltern eine normale Erziehungsmassnahme». Kam Vlora zu spät aus der Schule, Schläge. Liess sie aus Versehen ein Glas fallen, Schläge. War das Zimmer zu wenig aufgeräumt, Schläge. Lachte sie zu laut oder sprach zum falschen Zeitpunkt, Schläge. Wie eine Art Ritual mussten sich die Kinder regelmässig in einer Reihe hinstellen, die Hände nach vorne ausgestreckt, Handinnenflächen nach oben. Mit dem Netzkabel des Radios schlugen Mutter und Vater zu, immer wieder. «Auf den Händen sieht man keine Spuren, die in der Schule hätten auffallen können. Wir hatten selten Schwellungen oder blaue Flecken am Körper, obwohl wir täglich geschlagen wurden.» Nur manchmal, wenn sie statt der Hand den Arm getroffen hätten, habe man auf den Unterarmen die runden Striemen des zu einer Peitsche zusammengelegten Kabels gesehen. Am schnellsten vorüber sei es gewesen, wenn man es einfach hingenommen habe. «Hat man die Hände zurückgezogen oder zu laut geweint, wurde die Wut der Eltern grösser und mit ihr die Härte der Bestrafung. Dann zielten sie auch mal auf den Kopf. Im Wissen, dass die Haare die Spuren verdecken würden.»

Nach aussen hin war Vlora ein braves, stilles Kind. Sie war zart von der Statur her, gehorchte auch in der Schule immer, war pflichtbewusst und unauffällig. Nicht weil es ihrem Charakter entsprach, sondern weil es zu ihrer Überlebensstrategie gehörte. «Ich war sehr sensibel und hatte einen ausgeprägten Gerechtigkeitssinn. Mir war immer klar, dass das Verhalten meiner Eltern falsch war. Aber mich jemandem anzuvertrauen oder mich zu wehren, hätte nur noch mehr Gewalt zur Folge gehabt. Deshalb zog ich mich zurück und lebte in meinen Gedanken aus, was mir in der Realität verboten war.» Als drittes Mädchen sei sie eigentlich überflüssig gewesen, das habe sie vor allem der Vater spüren lassen. Sie musste schon früh putzen und waschen und den zwei Jahre jüngeren Bruder, mit dem sie das Zimmer teilte, bedienen. «Mein Bruder wurde zum Pascha erzogen. Er durfte über mich verfügen und mich herumkommandieren wie ein Dienstmädchen.» Vlora litt unter dieser Ungleichbehandlung. Doch sie gehorchte. Wenn sie die Nähe des Vaters suchte, stiess er sie von sich. «Meine Mutter hat mich vor meinem Vater oft in Schutz genommen. Sie hat mich geliebt, auf ihre Art.» Doch gerade diese Ambivalenz von Liebe und Gewalt war für Vlora kaum zu ertragen. Beides fühlte sich falsch an, «wie ein Verrat». Der Umgang untereinander sei geprägt gewesen von Rauheit, Kälte und Lügen.

Dass nichts, was in der Familie passierte, nach aussen dringen durfte, wurde den Kindern früh eingeschärft. Man zog oft um, wechselte immer wieder den Schulkreis. «Damit niemand Verdacht schöpfen und vermuten konnte, was hinter geschlossener Tür geschah. Als ich etwa neun Jahre alt war, wurde mir klar, dass ich zuhause zugrunde gehen würde.» Also betete Vlora jeden Abend vor dem Einschlafen, dass jemand kommen und sie rausholen möge. Sie betete zu Gott statt zu Allah – als stillen, heimlichen Protest gegen das Elternhaus. Als die beiden älteren Schwestern in die Frühpubertät kamen, begannen sie auf ihre Art zu rebellieren. «Sie schlichen sich heimlich aus dem Haus, stahlen Mofas, rauchten, tranken Alkohol und trafen sich mit jungen Männern.» Vlora hielt ihnen den Rücken frei und die Leiter, mit der sie aus dem Zimmer kletterten – und geriet zwischen die Fronten: Deckte sie ihre Schwestern vor den Eltern, bekam sie Prügel. Würde sie sie verraten, bekam sie von ihren Schwestern Prügel. Doch irgendwann flog alles auf, auch dass die Zweitälteste einen Freund hatte. «Für unsere Eltern war das eine inakzeptable Verletzung der Familienehre. Eines Nachts hörten wir sie darüber reden, was zu tun sei, um das unsittliche Verhalten wiedergutzumachen. Sie erwogen eine Zwangsheirat im Kosovo. Und irgendwann fiel das Wort Ehrenmord. Sie sprachen sogar darüber, wie sie sie entsorgen würden. In einem Abfallsack.» Die vier Kinder lauschten unbemerkt, kauernd in einer Ecke, und weinten. So leise wie möglich. «In dieser Nacht sprachen meine Schwestern zum ersten Mal darüber wegzulaufen. Vorher hatten sie das, im Gegensatz zu mir, nie ernsthaft in Betracht gezogen.» Die Zweitälteste, damals zwölf Jahre alt, entschied sich unterzutauchen. Die Geschwister halfen ihr beim Packen. Nur der Ältesten verriet sie, wo sie hingehen würde.

Als ich etwa neun Jahre alt war, wurde mir klar, dass ich zuhause zugrunde gehen würde.»

Mehrere Wochen war die Schwester verschwunden. Es war in jener Zeit, in der das nach aussen kolportierte Familienidyll langsam ins Wanken geriet. Die blauen Flecken, die Vlora trotz der Vorsicht ihrer Eltern regelmässig davontrug, fielen den Lehrkräften auf. Man schickte sie zum Schularzt. Doch wirklich etwas unternommen habe man nicht. «Wahrscheinlich fehlte den Lehrpersonen die Handhabe, weil die Verletzungen zu gering und zu wenig eindeutig waren», so vermutet Vlora Sticher. Doch die Lehrpersonen boten ihr ein wenig Schutz, indem sie – unter dem Vorwand, Vlora Nachhilfeunterricht zu geben – dafür sorgten, dass sie über Mittag und abends so lange wie möglich in der Schule bleiben konnte.

Irgendwann kam die Schwester wieder zurück, und die Eltern versprachen, nichts gegen sie zu unternehmen. «Doch für uns Kinder war in jener Nacht ein Punkt überschritten worden.» Auf einen Schlag hätten alle realisiert, dass Schläge nicht normal seien. Dass nichts in dieser Familie normal sei. Dass sie etwas würden unternehmen müssen. Also zeigte die Älteste den Vater wegen illegalen Waffenbesitzes an. Danach ging alles sehr schnell. Die Eltern wurden verhaftet, die Kinder direkt von der Schule abgeholt und bei einer Pflegefamilie vorübergehend notplatziert. «Ich hatte nur den Schulranzen bei mir und die Kleider, die ich auf dem Leib trug», erzählt Vlora Sticher. Das Packen übernahmen Sozialarbeiter für die Kinder. Nur das Nötigste kam mit.

«Bei dem Pflegepaar Ursi und Heini in Regensdorf erlebten wir zum ersten Mal einen Alltag, der nicht von Drohungen strukturiert war, und Regeln, die nicht mit Prügel durchgesetzt wurden.»

«Bei dem Pflegepaar Ursi und Heini in Regensdorf erlebten wir zum ersten Mal einen Alltag, der nicht von Drohungen strukturiert war, und Regeln, die nicht mit Prügel durchgesetzt wurden.» Es war eine Überforderung für alle Geschwister. Wozu sich an Regeln halten, wenn der Regelbruch keine Gewalt zur Folge hatte? «Zurechtweisungen oder Hausarrest waren keine Strafen für uns, wir waren ja ganz anderes gewohnt.» Doch während Vlora nach kurzen Anpassungsschwierigkeiten regelrecht aufblühte, schien es den beiden älteren Schwestern nicht möglich, die neue Freiheit zu nutzen und sich auf ein anderes Leben einzurichten. «Sie waren unkontrollierbar. Sie hielten sich an keine Regel und nutzten das Vertrauen der Familie aus. Schliesslich mussten sie die Pflegefamilie verlassen und kamen ins

Heim.» Doch auch hier fanden sie keinen Halt. Nach verschiedenen Stationen in mehreren Heimen, geschlossenen und offenen Abteilungen, landeten die beiden Schwestern wieder dort, von wo sie eigentlich wegwollten: bei den leiblichen Eltern, die inzwischen aus der Untersuchungshaft entlassen worden waren.

Vlora aber erlebte zum ersten Mal Wertschätzung. «Noch nie zuvor hatte jemand zu mir gesagt, dass ich als Frau genauso viel wert sei wie ein Mann.» Den kleinen Bruder wiesen die Pflegeeltern, die psychologisch ausgebildet waren, zurecht, wenn er seine Schwester mal wieder schlagen oder sonst wie unterdrücken wollte.

Im Zuge der Untersuchung war auch die Kindesmisshandlung ans Licht gekommen, und alle Kinder mussten eine Aussage machen. Die eigenen Eltern zu belasten, fiel der Zehnjährigen schwer. «Es war ein Verrat.» Vlora konnte erst sprechen, als die Polizisten ihr Schutz versprachen und versicherten, die Eltern seien nicht da und würden nicht hören, was sie sagte. «Das war eine Lüge. Direkt nach meiner Aussage auf dem Polizeiposten wurde ich in das Nebenzimmer geführt, wo meine Mutter und mein Vater warteten. Sie hatten jedes Wort mitgehört. Man hatte ihnen erlaubt, mich kurz zu sehen. Ob ich das auch wollte, hat niemand gefragt.» Für Vlora war es ein massiver Vertrauensbruch seitens der Behörden, den sie bis heute nicht nachvollziehen kann. «Warum wurde hier das Recht der Eltern über das Recht des Kindes gestellt? Ich fühlte mich wie ein Objekt, das man hin- und herschiebt. Ein zehnjähriges Kind kann man doch fragen, ob es seine Eltern sehen will. Man muss es fragen.» Dieses Wiedersehen war ein Schock für das Mädchen. Sie habe sich geschämt und gleichzeitig panische Angst gehabt, erzählt Vlora Sticher. «Ich war überzeugt: Jetzt bringen sie mich um.» Die Mutter habe bitterlich geweint, der Vater sie auf Albanisch mit Vorwürfen überschüttet. Warum sie der Polizei solche Lügen erzähle, fragten beide immer wieder. Die Folge dieses Zusammentreffens: Vlora fühlte sich schuldig. Heute, über zwanzig Jahre später, tut sie es immer noch.

Regensdorf war eine Übergangslösung gewesen, von dort aus kamen Vlora und ihr Bruder nach drei Monaten zu den definitiven Pflegeeltern Dora und Ueli im Emmental. «Ich war unglaublich erleichtert. Nach dem Fiasko auf dem Polizeiposten hatte ich das Vertrauen in die Behörden verloren. Ich rechnete jeden Tag damit, dass sie mich wieder zu meinen leiblichen Eltern zurückschicken würden.» Für sie sei klar gewesen: Wäre es so weit gekommen, hätte sie sich umgebracht.

Zurück musste sie zwar nicht mehr. «Ich musste meine leiblichen Eltern aber jahrelang regelmässig sehen, obwohl ich es nicht wollte. Die Begründung war immer dieselbe: Die Eltern haben ein Besuchsrecht.» Vor jedem dieser begleiteten Zusammentreffen hatte das Mädchen tagelang Bauchschmerzen, konnte nichts mehr essen und musste sich mehrmals übergeben. Alles in ihr sträubte sich. Während der Treffen küssten, umarmten und bedrängten die Eltern ihre Tochter, sie musste sich Vater und Mutter auf den Schoss setzen. Vlora liess es über sich ergehen. Nach den Besuchen brauchte sie mehrere Tage, um wieder in die Normalität zurückzufinden. «Die Eltern versuchten, mich und meinen Bruder bei jedem Treffen davon zu überzeugen, wieder zurückzukommen. Sie machten die Pflegefamilie schlecht, versprachen uns viele Geschenke und gelobten, uns nie wieder wehzutun.» Vlora glaubte ihnen nicht. Der Bruder schon. Von seinem Thron als Lieblingskind gestossen, habe er Mühe gehabt, in der Pflegefamilie seinen Platz zu finden. «Plötzlich durfte er nicht mehr alles, musste sich integrieren, was ihm zunehmend schwerfiel. Und irgendwann, etwa nach zwei Jahren, wollte er zurück.» Er verbrachte einige Ferientage bei den leiblichen Eltern – Vlora hatte sich geweigert mitzufahren – und blieb.

«Dass mein Bruder nach seinen Ferien nicht mehr zurückkam, war ein Schock. Ich liebte ihn abgöttisch, auch wenn er mich oft schlecht behandelt hatte. Ich hätte mir gewünscht, dass er wenigstens noch mal zurückkommt und einen sauberen Schnitt macht.» Doch das tat er nicht. Von diesem Zeitpunkt an verweigerte sich Vlora ihrer Herkunftsfamilie komplett. Und diesmal wurde sie gehört: Die Pflichttermine mit den Eltern wurden gestrichen. Doch der innere Kampf blieb: «Ich litt unter dem Verrat, den ich begangen hatte, und ich hatte ein schlechtes Gewissen, weil ich wusste, dass es für meine Eltern schlimm war, ihr Kind nicht zu sehen. Aber es musste sein, damit ich Wurzeln schlagen konnte.» Erst nach zwei Jahren Funkstille gab es sporadisch wieder Kontakt zwischen den Eltern und ihrer jüngsten Tochter. Ihren Bruder sah sie nie wieder. Er starb im Alter von 13 Jahren bei einem Unfall.

Für Vlora waren Dora und Ueli ihre Rettung. Und das Emmental bald ihre neue Heimat. Dort fand sie die Struktur, die sie brauchte, die Ehrlichkeit und Gleichbehandlung, die sie vermisst hatte. Die Tiere, die Natur, die Bodenständigkeit – all das tat ihr gut. Sie fand Freunde und hatte Hobbys. «Dora und Ueli waren die ersten Menschen, die mich bedingungslos liebten.» Die Pflegeeltern halfen ihr, irgendwie über den Verlust ihres Bruders hinwegzukommen und über die Schuldgefühle, weil sie ihn nicht im Emmental hatte halten können.

Doch ausgerechnet zu jener Zeit, in der Vlora um ihren Bruder trauerte, begann auch ihr Zuhause zu wanken. Die frühere Wohngemeinde meldete sich und kündigte an, zukünftig die Kosten für die Pflegefamilie der 15-Jährigen nicht mehr übernehmen zu können. «Ich hätte in eine betreute Wohngemeinschaft umziehen sollen, und das aus nur einem Grund: weil es günstiger war.» Auch eine Abschiebung stand im Raum, da sie nicht Schweizer Bürgerin war und sich als Minderjährige ohne ihre Eltern nicht einbürgern lassen konnte. Gleichzeitig hatte sie panische Angst davor, dass ihre Eltern sie entführen und in den Kosovo bringen würden. Obwohl sie Kontaktverbot hatten, sah man sie einige Male am Bauernhof der Pflegefamilie vorbeifahren. «Ich konnte mir nicht vorstellen wegzuziehen. Ich hatte ja bereits fünf Jahre dort gelebt, das war meine Familie.» Wieder wurde Vlora vom Gedanken umgetrieben, sich umzubringen. Sie kam erst zur Ruhe, als die Pflegeeltern ihr versprachen, dass sie auf jeden Fall blei-

«Ich musste meine leiblichen Eltern jahrelang regelmässig sehen, obwohl ich es nicht wollte. Die Begründung war immer dieselbe: Die Eltern haben ein Besuchsrecht.»

ben dürfe, unabhängig davon, ob sie dafür Geld bekämen oder nicht. «Immer mehr wuchs bei mir der Wunsch, dass meine Pflegeeltern auch rechtlich meine Eltern sein sollten. Damit niemand mehr kommen und mir mein Zuhause nehmen konnte.» Und auch für die Pflegeeltern sei gefühlsmässig längst alles klar gewesen. So kam es, dass sie Vlora kurz nach ihrem 18. Geburtstag – ab da war die Unterschrift der leiblichen Eltern nicht mehr nötig – adoptierten. «Endlich hatte ich Sicherheit und Rechte. Niemand konnte mehr einfach so über mich entscheiden.» Die Adoption habe sich wie ein zweiter Geburtstag angefühlt.

Die Berichte, die Fachpersonen im Lauf der Jahre über sie geschrieben haben, hat Vlora Sticher bis heute nicht gelesen. Lange sei sie zu wütend dazu gewesen, habe alles vergessen, sich abgrenzen wollen. Schrittweise habe sie es geschafft, mit ihrer Biografie Frieden zu schliessen und ihren Eltern zu verzeihen.

Wütend sei sie heute nicht mehr. Sie sei glücklich, dass sie die Chance auf ein gewaltfreies Leben bekommen habe. Mit einem Mann, den sie liebe, einem herausfordernden Beruf als Geomatikerin, einem Haus und vielleicht mit Kindern, irgendwann. «Gleichzeitig schmerzt es mich unendlich, dass meine Geschwister ihre Chancen nicht nutzen konnten und meine Schwestern und ich heute in komplett unterschiedlichen Welten leben.» Sie konnte nicht verhindern, dass die traurige Geschichte bei ihren Schwestern und deren Kindern weitergeschrieben wird. Und sie vielleicht nie erleben werden, was Familie eigentlich ist.

HINTERGRUND

Ist der Begriff fremdplatziert zutreffend?

Unter «fremd» versteht der Duden: 1. nicht dem eigenen Land oder Volk angehörend; eine andere Herkunft aufweisend; 2. einem anderen gehörend; einen anderen, nicht die eigene Person, den eigenen Besitz betreffend; 3. unbekannt; nicht vertraut; 4. ungewohnt; nicht zu der Vorstellung, die jemand von jemandem, etwas hat, passend, anders geartet. Fühlen sich Fremdplatzierte davon angesprochen?

Der Begriff fremdplatziert beschreibt per Definition jene Situation, in der ein Kind in einer fremden Familie oder Institution untergebracht wird und, teilweise vorübergehend, nicht mehr bei der Herkunftsfamilie lebt. Solche Definitionen dienen nicht zuletzt der Verknappung, um einen komplexen Sachverhalt zu umschreiben. Sie sind nötig, damit alle vom selben Sachverhalt sprechen, und doch sind sie nicht in Stein gemeisselt. Begriffe wie die Sprache als Ganzes sind einem steten Wandel unterworfen. Neue Erkenntnisse, Wissensgewinn, moralisches oder ethisches Umdenken können zur Hinterfragung und gar zur Verwerfung einzelner Begriffe führen.

Was mit «Fremdplatzierung» gemeint ist, darüber herrscht zumindest in Fachkreisen Einigkeit. Doch bei Betroffenen ist der Begriff nicht immer unumstritten, da er der emotionalen Wahrnehmung widersprechen kann. Für Ruth Staub und Thomas Woodtli steht fest, dass sie nicht bei den Pflegepersonen «in der Fremde» waren, sondern bei den leiblichen Eltern. Rose Burri, Präsidentin des Vereins Careleaver Schweiz, stellt den Begriff gar auf den Flugblättern einer Vereinskampagne in Frage: «Fremdplatziert? Ich wurde nicht fremdplatziert, denn fremd fühlte ich mich bei meinen Eltern. In meiner Pflegefamilie kam ich nachhause.» Bei anderen löst der Begriff fremd Unsicherheiten oder Ängste aus, da er nicht selten negativ konnotiert ist. Wie oft hören Kinder etwa den Satz «Geh ja nie mit Fremden mit»?

Im Begriffsdschungel

Der Begriff fremdplatziert kann auch angesichts des Loyalitätskonflikts problematisch gedeutet werden, weist er doch auf zwei Fronten hin: Auf der einen Seite ist das Fremde, auf der anderen das Vertraute. Was, wenn sich sowohl die Herkunftsfamilie als auch die Pflegeeltern oder das Heim vertraut anfühlen, muss ein Kind dann ein schlechtes Gewissen den leiblichen Eltern gegenüber haben? Expertinnen und Experten sprechen heute darum oft vom «Platzierungssystem», in dem die Herkunftsfamilie ebenso zu gewichten ist wie alle anderen Beteiligten. Das Jugendamt des Kantons Bern hat sich ebenfalls für eine Alternative entschieden und fokussiert nicht auf «fremd», sondern auf das «Platziertwerden». Darum benützt es den Begriff fremduntergebracht. In Deutschland hält indes vermehrt der Begriff Erziehungsstellungskind Einzug.

«Einzelne Behörden, Ämter und Fachpersonen haben die Tendenz, die schwierige Situation mit fragwürdigen Begriffen positiv umzudeuten. Damit entsteht die Gefahr, dass ein einschneidendes Ereignis bagatellisiert und tabuisiert wird», gibt der Fach- und Erfahrungsexperte Urs Kaltenrieder zu bedenken. «In den allermeisten Fällen kommen die Kinder an einen ihnen fremden Ort mit vielem Unbekannten und Unvertrauten. Das ist oft eine sehr schwierige Situation für die Betroffenen und alle Beteiligten, die es anzuerkennen gilt. Sonst kann das Risiko einer posttraumatischen Platzierungserfahrung samt den entsprechenden emotionalen Belastungen und Beziehungs-, Bindungs- wie auch Verhaltensstörungen bei den Betroffenen unabsichtlich verstärkt werden.»

GESPRÄCH

Das Pflegekinderwesen in der Schweiz – ein Flickenteppich

Kühe sind in der Schweiz besser dokumentiert als fremdplatzierte Kinder. Welche Zahlen zum Pflegekinderwesen mit welcher Methode erhoben werden, ist Sache der Kantone. Im Kanton Bern werden Zahlen zu Pflegekindern seit 2015 systematisch erhoben. Als erster Kanton überhaupt erhob Bern auch die ambulanten Leistungen. Federführend hierbei war Andrea Weik, von 2009 bis September 2021 Amtsleiterin des Kantonalen Jugendamtes Bern.

Andrea Weik, wie viele Kinder sind in der Schweiz in Heimen und Pflegefamilien untergebracht?

Leider fehlen schweizweite Zahlen zum Pflegekinderwesen. Das wird auch vom UNO-Kinderrechtsausschuss immer wieder kritisiert. Die Konferenz der kantonalen Sozialdirektorinnen und Sozialdirektoren (SODK) sowie die Konferenz für Kindes- und Erwachsenenschutz (KOKES) haben im November 2020 eine Empfehlung zur Fremdunterbringung von Kindern verabschiedet. Darin halten auch sie fest, dass es dringend eine Statistik braucht. Es gibt lediglich die Schätzung aus einer Analyse im Rahmen des Projekts «Pflegekinder – Next Generation» des Vereins Pflege- und Adoptivkinder Schweiz (PACH). Darin haben die Autorinnen und Autoren aufgrund von Befragungen eine Hochrechnung für die Jahre 2015 bis 2017 gemacht. Sie kommen auf jährlich 18 000 bis 19 000 fremduntergebrachte Kinder, davon leben rund ein Viertel in Pflegefamilien und rund drei Viertel in Einrichtungen.

Was bräuchte es, damit nicht nur Schätzungen, sondern verlässliche Zahlen vorliegen würden?

Es bräuchte ein Kinder- und Jugendhilfegesetz auf Bundesebene. In diesem müsste die Verpflichtung enthalten sein, auf kantonaler Ebene eine Statistik zu führen. Mit einheitlichen Begriffen, einheitlichen Inhalten, damit jeder Kanton dasselbe auf die gleiche Art erfasst. Es gibt einige Kantone, die Zahlen zum Pflegekinderwesen erfassen, doch die Ergebnisse sind nicht miteinander vergleichbar, weil die Methoden, Inhalte und Kategorien völlig unterschiedlich sind. Es wäre auch denkbar, dass der Bund solche Statistiken in die Hand nimmt.

Ein nationales Kinder- und Jugendhilfegesetz wird immer wieder von verschiedenen Seiten gefordert, von Politikerinnen und Politikern und auch von der Konferenz Kinder- und Jugendpolitik (KKJP), dem Zusammenschluss der Kinder- und Jugendhilfeämter. Doch bisher ohne Erfolg. Warum?

Der Bund stellt sich auf den Standpunkt, dass das aktuelle Kinder- und Jugendförderungsgesetz keine Aktualisierung oder Erweiterung benötige. Vor ein paar Jahren lehnte auch die Mehrheit der Kantone einen Vorstoss ab, der ein Rahmengesetz auf Bundesebene forderte. Auf Stufe Bund will man offenbar die Kompetenz nicht haben, und auf Stufe Kantone will man sie nicht abgeben.

Fehlt es den fremduntergebrachten Kindern an einer Lobby?

Das würde ich so nicht sagen. Natürlich sind Kinder darauf angewiesen, dass man für ihre Rechte kämpft. Es gibt verschiedenste Organisationen wie der Kinderschutz Schweiz, das Netzwerk Kinderrechte, die Anlaufstelle Kindes- und Erwachsenenschutz (KESCHA) oder der Verband Integras, die sich für die Kinderrechte starkmachen und einige Verbesserungen bewirkt haben. Zudem existiert seit Anfang 2021 als Pilotprojekt die unabhängige privatrechtliche Stiftung Ombudsstelle Kinderrechte Schweiz, die eine Lücke schliesst, bis 2026 die öffentlich-rechtliche Ombudsstelle für Kinderrechte ihren Betrieb aufnimmt.

Warum sprechen sich die Kantone untereinander nicht besser ab, um das Erhebungsverfahren zu vereinheitlichen?

Auf Stufe der Kantone bestehen sehr heterogene Strukturen. Jeder Kanton ist anders organisiert, das macht eine Absprache schwierig. Im Kanton Bern haben wir ein kantonales Amt, ebenso wie in den Kantonen Zürich, Wallis und in den Westschweizer Kantonen. Aber der Kanton Aargau beispielsweise hat das nicht. Da sind die Aufgaben auf verschiedene Ämter verteilt, zum Teil sind sie ins Sozialamt integriert. Die Begrifflichkeiten, die Gesetzgebungen, all das ist in jedem Kanton anders. Das ist ein riesengrosser Flickenteppich. Und um eine Einheitlichkeit zu schaffen, fehlt es wiederum an einer gesetzlichen Grundlage auf Bundesebene. Es sind Bemühungen da, um zusammenzuarbeiten, man tauscht sich regelmässig aus. Auch innerhalb der Kantone besteht Handlungsbedarf nach mehr Vereinheitlichung: Im Kanton Bern beispielsweise waren bis vor kurzem schon nur sämtliche

Aufsichtsaufgaben über die Einrichtungen auf drei Direktionen und vier Ämter verteilt. Erst seit Januar 2022 gibt es mit dem neuen Gesetz über die Leistungen für Kinder mit besonderem Förder- und Schutzbedarf (KFSG) eine Bündelung.

Im Kanton Bern werden Zahlen zum Pflegekinderwesen seit 2015 systematisch erhoben. Als erster Kanton überhaupt erhob Bern auch die ambulanten Leistungen.

Das war eine vorgezogene Massnahme aus dem vorhin erwähnten neuen Gesetz, das auch eine breite Angebotsplanung beinhaltet. Wir erfassen alle Ein- und Austritte der Kinder und Jugendlichen aus Einrichtungen und Pflegefamilien. Damit haben wir den genauen Überblick über die Nutzung der Betreuungsplätze. Hinter der Erfassung dieser Zahlen steckt ein grosser Aufwand, für den man Ressourcen zur Verfügung stellen muss. Einerseits ist der Aufbau der Datenbank aufwändig, aber auch deren Bewirtschaftung: Man ist in ständigem Kontakt mit den Einrichtungen, muss sie regelmässig daran erinnern, die Daten zu liefern. Es braucht grosses technisches und fachliches Knowhow, um die Zahlen in einen Kontext zu bringen und Problemlagen zu erkennen. All das kostet Zeit und Geld, ist aber absolut notwendig.

Warum ist es so wichtig, diese Daten zu erheben?

Zuerst einmal ist es eine ethische Verpflichtung. Wir sind es den Kindern und Jugendlichen schuldig, zu wissen, wie viele von ihnen fremduntergebracht sind. Man weiss über die Anzahl Kühe und Hunde in der Schweiz besser Bescheid als über fremduntergebrachte Kinder. Zweitens gibt es ohne validierte Daten keine Angebotsplanung, die dem Bedarf von Kindern und Eltern wirklich gerecht wird. Wir haben in den Daten beispielsweise gesehen, dass Zuweisungen aus anderen Kantonen frappant abgenommen haben. Diese Information ist wichtig für unsere Einrichtungen. Dann können sie die nicht gebrauchten Plätze abbauen. Genauso wichtig ist es, zu wissen, ob es einen zunehmenden Bedarf an hochschwelligen oder geschlossenen Plätzen gibt. Dann können die Kantone und die Einrichtungen solche Plätze mit erhöhtem Betreuungsbedarf einplanen. Wenn man eine Unter- wie auch eine Überversorgung verhindern kann, wird man dem Bedarf gerecht und kann gleichzeitig Kosten sparen. Denn jeder Platz kostet, auch ein nicht belegter. Es ist also wichtig, die Daten nicht nur in einem bestimmten Moment zu erfassen, sondern kontinuierlich über einen grossen Zeitraum, um Entwicklungen zu erkennen.

Welche Entwicklungen stellen Sie fest?

In den letzten Jahren ging die Anzahl stationärer Plätze zurück, weil es in diesem Bereich eher eine Überversorgung gab. Dies auch, weil gleichzeitig das Angebot an ambulanten Leistungen ausgebaut wurde. Dahinter steckt ein Paradigmenwechsel in der Sozialpädagogik: Man versucht nun vermehrt mit den Eltern zusammenzuarbeiten und sieht die Fremdunterbringung als letztes Mittel an. Das ist auch eine Folge der Aufarbeitung des Verdingkinderwesens und der Heimgeschichte in der Schweiz. Man will die Fehler der Vergangenheit auf keinen Fall wiederholen.

Sprechen wir über die Kindes- und Erwachsenenschutzbehörde (KESB), die es seit 2013 gibt. Die elf Behörden im Kanton Bern sind dem Jugendamt des Kantons unterstellt. Mit der KESB wurde die Fremdunterbringung von Kindern und Jugendlichen professionalisiert. War das sinnvoll?

Definitiv. In den kleineren Gemeinden waren die Vormundschaftsbehörden mit ihrem kleinen Mengengerüst und der gleichzeitig komplexen Materie überfordert. 2012 hatten wir im Kanton Bern 320 Vormundschaftsbehörden – fast gleich viele wie Gemeinden. Da gab es Behörden, die lediglich ein bis zwei Kindesschutzfälle pro Jahr zu bearbeiten hatten. Da ist man als Laie schwerlich in der Lage, solch folgenschwere Entscheidungen zu treffen. Das Vormundschaftsrecht ist sehr komplex: sozialarbeiterisch, juristisch und psychologisch. Das grosse Problem in einer kleinen Gemeinde ist auch, dass jeder jeden kennt, vom Verein, vom Stammtisch oder aus der Nachbarschaft. So hatte man zum Teil Hemmungen, solch gravierende Entscheidungen wie eine Fremdunterbringung zu fällen. Dafür braucht es zwingend eine gewisse Distanz. Als man die Situation damals untersucht hat, wurde deutlich, dass oft weggeschaut und zu spät reagiert wurde. Mit der Folge, dass dann als letzte Möglichkeit gravierende Massnahmen nötig waren. Heute ist die KESB als professionelle Behörde viel besser in der Lage, die Verhältnismässigkeit, die so wichtig ist, zu wahren.

Warum stand die Behörde in ihren ersten Jahren dermassen in der Kritik?
In der Schweiz hat man einen gewissen Abwehrreflex gegenüber professionellen Behörden. Schnell hat man den Eindruck, dass eine Behörde nicht mit Augenmass und gesundem Menschenverstand entscheidet. Wenn es um Familienangelegenheiten geht, stehen zudem viele Schweizerinnen und Schweizer auf dem Standpunkt, das sei Privatsache und gehe niemanden etwas an. Ausserdem hat man im Kanton Bern den Gemeinden mit der Kantonalisierung des Kindes- und Erwachsenenschutzrechts Kompetenzen weggenommen, was immer ein schwieriger Prozess ist. Das sieht man auch, wenn der Bund den Kantonen Kompetenzen entzieht. Die Organisierung der KESB war eine massive Umstellung, und diese fiel in eine Zeit, in der die Kantone unter Spardruck standen. Die KESB ist deshalb vielerorts nur mit ungenügenden Ressourcen ausgestattet worden. Auch war die Aufgabenübertragung von den Gemeinden auf die KESB mit grosser Arbeit verbunden, was bereits viele Ressourcen gebunden hatte. So verlief der Start der KESB am 1. Januar 2013 nicht unter Idealbedingungen und wurde von einigen Kinderkrankheiten begleitet. Und schliesslich war da der Fall Flaach: Eine Frau erstickte am Neujahrstag 2015 in Flaach ZH aus Verzweiflung ihre beiden Kinder, weil sie diese nicht zurück ins Heim bringen wollte. Die Kindes- und Erwachsenenschutzbehörde hatte die vorübergehende Unterbringung in einem Heim angeordnet, weil sie die Familiensituation als kindeswohlgefährdend einschätzte. Der Fall brachte eine massive mediale Aufmerksamkeit und führte zu einer gewissen Boulevardisierung. Erschwerend kam hinzu, dass sich nur die Betroffenen öffentlich äusserten, die KESB darf aus

Gründen des Persönlichkeitsschutzes nicht informieren. Das alles führte zu einer unheimlich schwierigen Konstellation, die für alle sehr belastend war und den Betroffenen sicher nicht geholfen hat.

Wo steht die KESB heute?

Mittlerweile hat sie sich als Behörde etabliert, das hat auch eine Evaluation von 2018 gezeigt. Die Kritik ist weitgehend verstummt. Aber natürlich stehen wir in einem fortlaufenden Prozess, weil die Entscheide, die eine KESB treffen muss, häufig belastend sind.

Was müsste sich Ihrer Meinung nach noch verbessern?

Der Austausch und die Zusammenarbeit zwischen den 11 KESB-Behörden und den 67 kommunalen Sozialdiensten ist enorm wichtig. Die Sozialdienste sind die vor- und nachgelagerten Stellen. Man muss kontinuierlich daran arbeiten, eine gemeinsame Policy zu entwickeln, Prozesse zu verfeinern und sich über Einzelfälle zu verständigen. Das funktioniert mal besser und mal schlechter, da es natürlich sehr personenabhängig ist.

Wird das Jugendamt von der KESB über einzelne Platzierungsverfahren informiert?

Das Jugendamt befasst sich nicht mit Einzelfällen. Das Jugendamt tauscht sich mit den KESB und allen weiteren Akteuren im Kindesschutz regelmässig aus. Wir erachten es als unsere Aufgabe, sehr nahe an der Praxis zu sein und auch die Bedürfnisse der verschiedenen Stellen und Behörden wahrzunehmen. Zudem informieren wir uns über die aktuelle Forschung und stehen in Kontakt mit den Jugendämtern anderer Kantone.

Pflegt das Jugendamt Kontakt mit ehemaligen fremduntergebrachten Kindern?

Auch wenn sich das Jugendamt nicht mit Einzelfällen befasst: Sucht jemand den Kontakt, was zum Beispiel im Zuge der Aufarbeitung des Verdingkinderwesens geschah, verschliessen wir uns natürlich nicht und versuchen bei konkreten Problemen, die zuständigen Stellen zu finden und Türen zu öffnen.

In unseren Gesprächen mit ehemaligen fremduntergebrachten Kindern erzählten diese vom beklemmenden Gefühl, das sie befiel, wenn sie als Kind keine Stimme hatten, nicht ernst genommen wurden. Denken Sie, die Stimme des Kindes wird heute genug gewichtet?

Es ist ganz wichtig und entspricht meiner tiefen Überzeugung, dass man der Partizipation der betroffenen Kinder und Jugendlichen grosses Gewicht einräumen muss. Ich denke, dass das nun immer mehr ins Bewusstsein aller beteiligten Stellen und Behörden gelangt. Auch in den Empfehlungen der SODK und KOKES kommt dieses Thema stark zum Tragen. Das Jugendamt ist zurzeit dabei, die Pflegekinderverordnung einer Totalrevision zu unterziehen. Hier soll der Gedanke, wie wichtig die Stimme des Kindes ist, stärker verankert werden. Auch die neue Ombudsstelle auf Bundesebene ist ein Ausdruck dieses wachsenden Bewusstseins. Die vielen aktuellen Bemühungen zeigen aber auch, dass Handlungsbedarf besteht und man all die Forderungen auch tatsächlich umsetzen muss. Man muss alles, wirklich alles daransetzen, den Stimmen der Kinder und Jugendlichen grösstmögliche Aufmerksamkeit zu geben.

«Schmerz lässt sich nicht ausradieren – aber man kann lernen, mit ihm zu leben»

Ruth Staub

Bewegen, weitergehen. Wegfahren und ankommen. Wenn Ruth Staub aus dem Fenster ihrer Wohnung blickt, sieht sie Menschen, die unterwegs sind. Ihr Zuhause liegt direkt an einem Bahnhof im Kanton Obwalden. Wenn es ihr schlecht geht, hilft ihr dieser Ausblick. «Ist in mir drin alles blockiert, tut es gut, auf etwas zu blicken, das nicht stillsteht.» Das half ihr vor rund zwanzig Jahren, nachdem sie sich von ihrem Mann getrennt hatte und hierhergezogen war. Es hilft ihr heute, wenn die Traurigkeit wieder übermächtig wird. Sie hat gelernt, mit ihrer chronischen Depression umzugehen, weiss, was sie in akuten Phasen braucht. Trotzdem sei es immer wieder enorm schwierig, erzählt sie. Manchmal reichen Ruhe und ihre vier Wände. Manchmal benötigt sie Hilfe von aussen. Was sie nicht braucht, sind Menschen, die ihr einreden wollen, es sei doch alles gar nicht so schlimm und dass sie sich halt etwas zusammenreissen solle, weil das Leben es doch trotz allem gut mit ihr meine. «Vielen Leuten fällt es schwer, zu glauben, dass es in mir auch mit all dem Positiven immer eine traurige, schwere Seite gibt. Sie können mit psychischen Krankheiten schlecht umgehen, weil man sie nicht sieht.» Weil sie überfordern, hilflos machen.

Als Ruth Staub 1960 geboren wurde, war ihre Mutter 19 Jahre alt. «Einerseits war sie jung und voller Leben, und andererseits war die Situation für eine unverheiratete Frau mit Kind in den Sechzigerjahren alles andere als einfach.» Die Mutter suchte Zuflucht im katholischen Heim für Mutter und Kind in Hergiswil. Doch die Nonnen, die das Heim leiteten, begegneten den meist ledigen, jungen Frauen nicht mit Verständnis, sondern mit Kälte und Härte. «Für meine Mutter war das offenbar so schlimm, dass sie zwei Tage nach meiner Geburt weglief.» Das Neugeborene nahm sie nicht mit.

Ihr erstes Lebensjahr verbrachte Ruth unter anderem in einer Familienhelferinnenschule. Wie eine Puppe setzte man sie im Fach Säuglingspflege als «Übungsbaby» ein. Sie wurde unter den Schülerinnen herumgereicht, von verschiedenen Personen gewickelt, mehrmals täglich gebadet und eingecremt. Hunderte Hände am Körper, und keine von ihnen war vertraut. Wurde das Kind gerade nicht zu Ausbildungszwecken gebraucht, legte man es ins Bettchen und liess es allein. Draussen war Ruth monatelang kaum, frische Luft bekam sie höchstens durch ein offenes Fenster. Eine echte Bezugsperson hatte sie nicht. So folgte für das Baby auf den frühen Beziehungsabbruch mit der Mutter eine lange Zeit ganz ohne Beziehungen und echte Zuwendung.

Als die langen Sommerferien nahten, wurde auch die Frage dringlicher: Wohin mit dem bald einjährigen Kind? Eine Schülerin erklärte sich schliesslich bereit, Ruth für einen Monat mit nachhause ins Wallis zu nehmen. Die leibliche Mutter war einverstanden und froh, dass eine Anschlusslösung in Sicht war. Aus dem geplanten Monat wurden sechs Jahre. «Sechs gute Jahre», betont Ruth Staub. Bei der Pflegefamilie fühlte sie sich geborgen. «Hier hatte ich ein echtes Zuhause mit einer fürsorglichen Pflegemutter, sechs älteren Geschwistern und meinen geliebten Kühen.» Die Pflegemutter und ihre erwachsenen Kinder versuchten im Verlauf der Jahre, sie zu adoptieren. Doch weil damals nur am Rand ein Verwandter als Beistand in die Platzierung involviert und die leibliche Mutter mit einer Adoption nicht einverstanden war, klappte es nicht. Am Anfang kam Ruths Mutter noch hin und wieder vorbei. Irgendwann wurden die Besuche weniger, die Zeitspannen dazwischen immer grösser. Und schliesslich meldete sie sich nicht mehr. Wäre Ruth im Obergoms im Wallis geblieben, hätte sie trotz des schwierigen Starts wohl eine schöne und weitgehend unbeschwerte Kindheit erlebt.

Nach einem Jahr Funkstille schickte die leibliche Mutter einen eingeschriebenen Brief an die Pflegemutter. Darin stand, dass sie geheiratet habe und ihre Tochter in einem Monat abholen werde. «Für meine Pflegemutter, die mich angenommen und geliebt hat, war das unglaublich hart», sagt Ruth Staub. «Jahre später, als ich selbst Kinder bekommen hatte, konnte ich nachempfinden, was das für sie bedeutet haben muss.» Immer wieder hätten sie als Erwachsene noch darüber geredet und zusammen über den beidseitigen Schmerz geweint. «Sie hat mir einmal gesagt, dass es für sie leichter gewesen wäre, mich auf den Friedhof zu begleiten, als mich in eine ungewisse Zukunft ziehen zu lassen mit einer Mutter, die nicht mehr als eine entfernte Bekannte für mich war.» Um wenigstens Ruthli, wie sie als Kind genannt wurde, den Abschied nicht allzu schwer zu machen, verschwieg man ihr das Unausweichliche. Die Pflegefamilie erzählte ihr, dass das Mami mal wieder zu Besuch komme und mit ihr einen Ausflug machen werde.

Der «Ausflug» mit der Mutter, einem fremden Mann und einem Chauffeur vom Wallis in den Kanton Luzern schien dem Kind endlos lange. «Ich fühlte mich, als wäre ich auf dem Mond gelandet. Es lag nicht nur an der langen Fahrt, sondern auch an der Umgebung. Alles war anders, als ich es kannte.» Von einem idyllischen Bergbauerndörfchen kam Ruth in eine städtische Umgebung mit grossen Wohnblöcken. Die Pflegemutter war ländlich geprägt, katholisch, fürsorglich, konservativ, die leibliche Mutter modern, schön, jung, nicht sehr einfühlsam. Nach ein paar Tagen fragte Ruth, wann denn der Ausflug vorbei sei und sie wieder nachhause zum «Mueti», zu den anderen Familienmitgliedern und den Kühen dürfe. «Du bist jetzt hier zuhause», war die Antwort. Der neue Mann – nicht Ruths leiblicher Vater – war ihr vorgestellt worden mit den Worten: «Das ist jetzt dein Papi.» Und bald begannen auch der Kindergarten und der Schulalltag. Ruths urchigen Oberwalliser Dialekt verstand man kaum, von den anderen Kindern wurde sie ausgelacht.

Diese plötzliche Entwurzelung hat Spuren hinterlassen. Positive und negative. Mit harten Schnitten und Intransparenz kann sie bis heute schlecht umgehen. Erträgt es nur schwer, wenn Menschen im Streit aus ihrem Leben verschwinden. So versucht sie immer einen Weg zu finden, auf das Gute zu fokussieren und den Kontakt zu halten. Konflikte spricht sie an, statt sie totzuschweigen. Spannungen und Schwingungen nimmt sie intensiv wahr. «Ich reagiere allergisch auf gut gemeinte Rücksichtnahme und Lügen. Lieber höre ich die harte Wahrheit, als falsche Verschonung zu erfahren.» Fühlt sie sich manipuliert, bevormundet oder nicht ernst genommen, reagiert sie heftiger als andere.

Heute lässt Ruth Staub all diese Gefühle auch mal raus, mutig und direkt. Oder sie schützt sich selbst und zieht sich rechtzeitig zurück. Als Kind aber versuchte Ruth, das Heimweh und den Schmerz zu verbergen, nicht aufzufallen und sich anzupassen. Weil sie häufig bestraft wurde, sobald sie sagte oder man es ihr anmerkte, dass es ihr nicht gut ging – mit Worten, mit Schlägen, mit Missbrauch. Sie litt heimlich, der Körper begann zu rebellieren. Reagierte mit Ess- und massiven Schlafstörungen, mit Kopfschmerzen und Bettnässen. Jahrelang versteckte sie die Symptome, so gut sie konnte. Tagsüber riss sie sich zusammen, nachts brach es aus ihr heraus. Dann weinte sie manchmal stundenlang. Hatte sie morgens geschwollene Augen, wurde Ruth von ihrer Mutter beschimpft. «Es gab kein Verständnis für mein Leiden, es wurde nicht ernst genommen, egal, was ich tat. Von mir wurde erwartet, dass ich funktionierte und zufrieden war.» Später wurde ihr bewusst, dass ihre leibliche Mutter wohl eifersüchtig und auch verletzt war, als sie realisierte, dass Ruths ganze Liebe der Pflegefamilie galt. Vielleicht benutzte die Mutter die versprochenen Ferien «zuhause» im Wallis deshalb als Druckmittel. Obwohl sie sich immer mehr anpasste, sah Ruth die Pflegemutter immer seltener. Einen Draht zu ihrer leiblichen Mutter fand sie lange nicht. Aufkeimende Nähe wurde durch neue Schwierigkeiten zunichte gemacht.

«Meinen Vater kennenlernen zu können, machte mich ein wenig ganzer.»

«Als ich neun Jahre alt war, nahmen wir das Kind einer Freundin meiner Mutter als Pflegekind auf.» Später bekam die Mutter noch zwei eigene Kinder, da war Ruth 12 und 13,5 Jahre alt. Irgendwann wurde es zu viel, und man platzierte das Pflegekind nach vier Jahren zu dessen Tante um. Mit ihrer Halbschwester und diesem Pflegekind verbindet Ruth Staub bis heute eine herzliche Beziehung, obwohl es nicht immer einfach gewesen sei. «Auch zu meinem Halbbruder, der 2021 nach hartem Krankheitsleidensweg gestorben ist, hatte ich eine tiefe Bindung», sagt Ruth Staub.

Als Jugendliche musste Ruth aber eigene Bedürfnisse unterdrücken und funktionieren, auch für ihre Halbgeschwister. Freizeit geniessen und sich mit Freunden verabreden konnte sie nur selten. Morgens, bevor die Schule anfing, wickelte sie oft ihre Geschwister, versorgte sie, gab ihnen den Schoppen. Mittags war nicht immer klar, ob ein Essen parat war – die Mutter arbeitete Teil- und der Vater Vollzeit. Manchmal musste Ruth schnell noch etwas einkaufen gehen. Nach der Schule erledigte sie ihre Hausaufgaben, half im Haushalt oder übernahm die Betreuung ihrer Geschwister. Die Wochenenden verbrachte die Jugendliche häufig mit ihren Geschwistern und dem Stiefvater, zu dem sie «ein gespaltenes Verhältnis» hatte. Denn immer mehr rutschte sie von der Tochter- in eine schwierige Ersatzmutterrolle.

Irgendwann bekamen Ruths Mutter und deren Mann Beziehungsprobleme, und die Mutter war noch weniger zuhause. Je belasteter das Verhältnis durch die vertauschten Rollen nun auch zum Stiefvater wurde, desto mehr sehnte sich Ruth danach, ihren leiblichen Vater kennenzulernen. Sie wusste nichts von ihm, nicht wo er war, nicht mal, ob er überhaupt noch lebte. Es gab kein Foto. Immer wieder fragte sie ihre Mutter nach ihm. «Ich hatte überhaupt keine Vorstellung von meinem Vater. Ich hätte alles dafür gegeben, wenigstens irgendein Bild von ihm im Kopf zu haben.» Doch die Mutter blockte ab, wollte nicht darüber reden. An ihrem 18. Geburtstag bekam Ruth von ihrem damaligen Beistand, dem Bruder ihrer Mutter, sämtliche behördlichen Unterlagen vorgelegt, aber nicht ausgehändigt. Beim Durchblättern des Ordners entdeckte sie zufällig den Namen und das Geburtsdatum ihres leiblichen Vaters. Ihr damaliger Freund spürte den Leidensdruck und half ihr schliesslich über Umwege, die Adresse ihres Vaters herauszufinden. «Es hätte mir gereicht, einfach einen kurzen Blick auf ihn zu erhaschen, mehr erwartete ich gar nicht.» Doch ihr Freund wollte mehr für sie. Gemeinsam fuhren sie zur Wohnung des Vaters, und es kam einen Anruf später schliesslich zu einem Treffen. Ruth war so nervös und überfordert, dass sie regelrecht durch die Tür in die Wohnung geschoben werden musste. «Ich war blockiert und konnte mich fast nicht bewegen. Als ich ins Wohnzimmer kam, standen ich und mein Vater uns gegenüber. Lange sahen wir uns in die Augen, ohne dass sich jemand im Raum bewegte oder ein Wort sprach.» Irgendwann konnten sich beide aus der Erstarrung lösen und schrittchenweise aufeinander zugehen. Es folgten eine Umarmung, viele Tränen und stundenlange Gespräche bis in die Nacht hinein. Ruth erfuhr zum Beispiel, dass ihr Vater und dessen Frau sie als Kind jeweils während der Ferien zu sich nehmen wollten. Doch es wurde ihnen nie erlaubt.

Mehrere Jahre lang hielten Ruth Staub und ihr Vater engen Kontakt. «Meinen Vater kennenlernen zu können, machte mich ein wenig ganzer», sagt sie. Erst zweieinhalb Jahre nach der ersten Begegnung erzählte sie ihrer Mutter davon. Nein: Sie warf es ihr ins Gesicht. «Zu viel Schmerz und Wut hatten sich aufgestaut. Ich wollte ihr keine Szene machen, es ihr aber auch nicht schonend beibringen. Es tat gut, ihr diesen Stachel zu setzen.» Die Mutter sei völlig überrascht gewesen, habe aber ruhig reagiert.

Mit den Jahren war das Verhältnis zur leiblichen Mutter noch angespannter geworden. Die Beziehung zu Ruths Stiefvater war zerbrochen, die Mutter hatte sich neu verliebt und auch wieder geheiratet. «Ich war zu diesem Zeitpunkt schon fast erwachsen, aber für meine Geschwister brachte die neue Beziehung nicht nur Gutes.» Bei Ruth vermischte sich Enttäuschung über das Gewesene mit Wut, die sich noch vergrösserte, als sie mit Anfang zwanzig selbst Kinder bekam. Viele Entscheide und Ereignisse schienen ihr nun noch weniger nachvollziehbar. «Mutter zu werden, erschütterte mich wohl auch deshalb bis ins Innerste», erzählt sie. Die Depressionen, unter denen sie schon als Kind litt, meldeten sich durch die Mutterschaft mit voller Wucht zurück. Sie sei damals noch unreif gewesen, habe sich unfrei gefühlt unter dem ganzen Ballast der Vergangenheit. Dennoch nahm sie sich vor, für ihre Kinder die Mutter zu sein, die ihr selbst gefehlt hatte, und ihnen Wurzeln und Geborgenheit zu geben. «Ich wollte auf keinen Fall, dass sich die Geschichte bei meinen Kindern wiederholt. Das ist auch dank der Unterstützung meines Ehemannes und des Vaters der Kinder gelungen.» Weil niemand auf ihre Gefühle einging, als sie ein Kind war, versuchte Ruth Staub als Mutter doppelt so aufmerksam zu sein und die Bedürfnisse ihrer drei Kinder wahrzunehmen. «Manchmal habe ich sie wohl genervt mit meinem Nachfragen zu ihrem Befinden. Später habe ich begriffen, dass sie eine andere Geschichte und nicht dieselben Bedürfnisse haben.»

Das Familienleben gab ihr Halt. Und gerade weil die Mutterschaft Verdrängtes wieder hochkochte, setzte sie auch einiges in Gang. «Mutter zu sein, ermöglichte mir, ein selbstbestimmtes Leben zu beginnen», sagt sie. Denn: «Schwanger zu werden, war das Erste, was meine Mutter nicht für mich bestimmt, worauf sie keinen Einfluss hatte. Bis dahin hatte sie alles für mich entschieden: Wo ich lebte, wie ich lebte, dass ich eine Ausbildung als Servicefachangestellte absolvierte, einfach alles.»

Nach elf Jahren brach die Verbindung zum Vater wieder ab. «Er hatte eine liebe Frau, die es sehr begrüsste und förderte, dass wir uns regelmässig sahen. Als sie starb, versandete der Kontakt leider.» Ruth Staub schickte ihm ab und zu eine Karte oder legte ihm ein kleines Geschenk in den Milchkasten, aber zu einem Wiedersehen kam es nicht mehr. Jahre später erfuhr sie über ein Todesanzeigenportal, dass auch er verstorben war. Sein Sohn, Ruth Staubs jüngerer Halbbruder, hatte sie nicht über seinen Tod informiert.

Immer wieder wurde Ruth Staub von ihrer Vergangenheit eingeholt, von der Trauer, dem Schmerz. Hatte sie ihre Mutter im Pubertätsalter mit Vorwürfen konfrontiert, hatte diese mit Rechtfertigung und Rückzug reagiert. Eine gemeinsame Aufarbeitung oder gar eine Entschuldigung war lange nicht möglich. «Die Not und Wut in mir liessen einfach nicht nach, und immer, wenn ich sie rausliess, stiess ich auf Widerstand.» Nach vielen Jahren und Therapien, in denen es auch intensiv um Versöhnungsarbeit ging, war Ruth Staub irgendwann bereit, ihrer Mutter zu verzeihen. «Ich stellte mich vor sie hin, fasste sie an den Armen und sagte: ‹Mami, ich liebe dich und danke dir, dass du mir das Leben geschenkt hast. Und ich danke dir für alles Gute, was du mir gegeben hast. Das Schwierige ist geschehen, wir lassen es jetzt hinter uns.›» Daraufhin sei ihre Mutter schier zusammengebrochen. Plötzlich wurde möglich, was vorher so weit weg schien: Die Mutter konnte sich ihre Schuldgefühle eingestehen und entschuldigte sich unter Tränen bei der Tochter. Der Veränderungsprozess, den Ruth Staub über die Jahre bei sich selbst hatte in Gang setzen können, wirkte sich nun auf ihre Mutter aus. «Von da an war zumindest meine Wut verschwunden, und wir konnten doch noch eine freundschaftliche und liebevolle Mutter-Tochter-Beziehung aufbauen.» Und was der Mutter bei Ruth nicht von Anfang an gelungen war, holte sie bei den Enkelkindern nach – als liebevolle, stolze und lustige Grossmutter.

Nicht wegschauen. Nach dem Fall wieder aufstehen. An sich arbeiten. Immer wieder. Das Positive erkennen. Das ist Ruth Staubs Überlebensstrategie. «So schwer erträglich vieles war, die Erfahrungen haben mich auch stark gemacht und mir wertvolle Ressourcen beschert. Ich habe gelernt, dass jede Eigenschaft auf eine gute und auf eine schlechte Weise ausgelebt werden kann.» Weil sie sich als Kind oft anpassen musste, fällt es ihr heute leicht, sich auf Neues einzustellen und Veränderungen zu akzeptieren. Sie entwickelte einen feinen Sensor für andere Menschen, der ihr auch beruflich immer wieder neue Welten und Türen öffnete. So machte sie im Alter von 34 Jahren eine Zweitausbildung als Shiatsu-Therapeutin. In dieser intensiven Form der Körperarbeit und ganzheitlichen Heilmethode konnte sie ihr feines Gespür einsetzen und anderen Menschen wertvolle Impulse geben. Über zwanzig Jahre lang führte sie eine eigene Shiatsu-Therapie-Praxis. «Shiatsu funktioniert über Berührungen. Vielleicht kommt mein Bedürfnis, Menschen durch Berührung zu helfen, trotz der schmerzlichen Erfahrung daher, dass mich als Übungsbaby so viele verschiedene Hände berührt haben.»

2008 übernahm Ruth Staub die Teilzeitbetreuung eines mehrfach geistig behinderten Jugendlichen, und von 2008 bis 2017 war sie Ombudsfrau für Pflegekinder beim Jugendhilfe-Netzwerk Integration in Eggiwil und zuständig für die Einzel- und Biografiearbeit. Für viele Kinder und Jugendliche war sie in dieser Zeit eine wertvolle Stütze. Da war plötzlich jemand, der Ähnliches erlebt hatte, der verstand, was in einem Kind vorging, das fremdplatziert wurde. An Sitzungen und Standortbestimmungen vertrat Ruth Staub die Interessen der Kinder und Jugendlichen. Manchmal sass sie auch einfach nur daneben und hielt ihre Hand. «Die Schicksale dieser Kinder berührten mich sehr. Sie ein Stück auf ihrem Weg zu begleiten, war ein Segen für mich.» Denn so habe ihr eigenes früheres Leiden plötzlich einen sinnvollen Nutzen bekommen. Seit 2019 ist Ruth Staub etwas weniger intensiv auf Mandatsbasis für das Jugendhilfe-Netzwerk tätig.

Mit 65 Jahren starb ihre Mutter an den Folgen einer Hirnblutung. Ruth Staub und ihre Schwester blieben bei ihr bis zum Schluss. «Da hat sich ein Kreis geschlossen», sagt sie. «Sie hat mir das Leben geschenkt, mir trotz allem auch Gutes beigebracht, und zuletzt liess sie mich miterleben, wie man auf eine gute, friedliche Art sterben kann.» Sie gehe davon aus, dass sich jeder Mensch unbewusst aussuche, ob er alleine gehe oder nicht. Und ihre Mutter wollte ihre beiden Töchter dabeihaben, ist Ruth Staub überzeugt. So machten sie ihr, die bis zum Schluss eine sehr gepflegte Frau gewesen war, ein letztes Geschenk: «Nach ihrem Tod wurde uns im Spital angeboten, sie zu waschen und vorzubereiten. Wir rieben sie mit ihrer Bodylotion ein, lackierten ihr die Nägel und schminkten sie, so gut es ging. So, wie sie sich gern gezeigt hatte, sollte sie auch auf die letzte Reise gehen können. Ihr diese Ehre zu erweisen, war auch für uns ein Geschenk.»

«Dass ich mein Leben einigermassen meistern konnte, verdanke ich diesen sechs stabilen Jahren bei der Pflegefamilie.»

Ruth Staubs Pflegemutter aus dem Wallis wurde 96 Jahre alt. «Die letzten Jahre war sie bettlägerig und leicht dement. Ihre leiblichen Kinder, die sie jede Woche besuchten, erkannte sie nicht jedes Mal. Mich hat sie bis zum Schluss immer erkannt, das hat mich sehr berührt. Es offenbarte mir einmal mehr, wie tief unsere aussergewöhnliche Beziehung war. Für mich ist nicht selbstverständlich, was diese Familie für mich getan hat. Einfach so aus Fürsorge, ohne Alimente zu bekommen.» Bis heute besucht Ruth Staub regelmässig das kleine Bergdorf im Wallis, das ihr noch immer Heimat ist. Obwohl mittlerweile auch mehrere ihrer Pflegegeschwister verstorben sind und es keinen zentralen Haupttreffpunkt mehr gibt. Manchmal, wenn es ihr schlecht geht, wandert sie durchs Obergoms und kehrt gestärkt zurück nach Obwalden. Denn: «Dass ich mein Leben einigermassen meistern konnte, verdanke ich diesen sechs stabilen Jahren bei der Pflegefamilie.»

Das Wallis und die Pflegemutter – die Innerschweiz und die leibliche Mutter: zwei völlig unterschiedliche Welten. Zu keiner fühlte sich Ruth Staub wirklich zugehörig. «Als Kind suchte ich bei beiden Welten gleichermassen Anerkennung. Aus dieser Überangepasstheit und Zerrissenheit entstanden aber irgendwann auch zwei gute Dinge: Flexibilität und Weltoffenheit.» Früh interessierte sie sich für andere Kulturen und Menschen. Erst litt sie stark unter Heimweh, später unter Fernweh. In Europa bereiste sie unzählige Male Italien, «um meine innere Unruhe in inneren Frieden zu verwandeln». Einige Reisen waren abenteuerlich, doch Angst hatte sie nicht, im Gegenteil. «Es belebte mich. Ich spürte immer, dass alles seinen Sinn hat und dass passiert, was passieren soll.» Auch den Tod oder die Einsamkeit fürchtete sie auf Reisen nie. Denn beides ist ihr vertraut. «Ich habe mich nirgendwo auf der Welt so einsam und verloren gefühlt wie nach der Entwurzelung aus dem Wallis.»

«Ich habe mich intensiv mit mir auseinandergesetzt, habe mich meinen Traumata gestellt, die Wahrheit gesucht und meine Vergangenheit so gut wie möglich aufgearbeitet. Die Folge dieser Arbeit: Ich habe überlebt.»

Ihr Fernweh führte Ruth Staub immer wieder nach Afrika: Sie zog quer durch die Sahara und lebte mit ihrer jüngsten Tochter eine Zeit lang in Kapstadt. Doch ihre zweite – oder dritte – Heimat fand sie in Burundi. «Die Menschen berühren mich auf eine besondere Weise. Sie leben in einem der ärmsten Länder der Welt, haben Kriege, politische Unruhen und persönliche Schicksalsschläge erlebt und verfügen doch über eine unvergleichliche Energie und Lebensfreude.» Seit 2013 reiste Ruth Staub 17 Mal in das kleine Land zwischen Ruanda, Tansania und der Demokratischen Republik

Kongo und war dort als Reiseleiterin tätig. Gemeinsam mit Urs Kaltenrieder rief sie 2014 das Projekt franziskus-burundi.ch ins Leben, zwei Jahre später wurde der gleichnamige Verein gegründet. Das Kinder- und Familienhilfswerk unterstützt zusammen mit lokalen Partnern und Organisationen eine Wohngruppe für ehemalige Strassenkinder in Bujumbura. Mit Eric Ndikumana, dem Leiter der Wohngruppe Franziskus, steht Ruth Staub in engem Kontakt. Zwei bis drei Mal pro Jahr reist sie hin, um die Wohngruppe auch vor Ort zu unterstützen. Burundi sei für sie zur Herzenssache geworden. Und zur Energiequelle: «Ich bin mir selbst nirgendwo so nah wie dort.» Zufall oder nicht? Indem Burundi so ein wichtiger Teil ihres Lebens geworden sei, habe sich für sie auch ein Kreis geschlossen. «Dass es mich überhaupt in dieses kleine Land verschlagen hat, hat nur damit zu tun, dass früher, in meiner Pflegefamilie im Wallis, oft über Burundi gesprochen wurde. Der Bruder meiner Pflegemutter war dort Missionar.» Erst rund fünfzig Jahre später sei sie aber durch ein Bild wieder zufällig auf dieses Land gestossen. «Ich wusste sofort: Da muss ich jetzt hin.»

Trotz der Therapien, trotz der guten Phasen, der glücklichen Momente, der zahlreichen Reisen und der letztendlich auch positiven Erfahrungen mit ihren leiblichen Eltern: Die Depression blieb. Das musste Ruth Staub akzeptieren. Oft sind ihre Energiereserven leer, mehrmals erlitt sie ein Burnout, manchmal spürt sie eine Lebensmüdigkeit. Zu lange habe sie die Traumatisierungen bagatellisiert, ihren eigenen Wahrnehmungen misstraut. Zu lange hat man ihr eingetrichtert, sie solle sich zusammenreissen. Zu lange hat sie sich angepasst. «Ich habe mich intensiv mit mir auseinandergesetzt, habe mich meinen Traumata gestellt, die Wahrheit gesucht und meine Vergangenheit so gut wie möglich aufgearbeitet. Die Folge dieser Arbeit: Ich habe überlebt.»

Erlebtes lasse sich nicht ausradieren, sagt Ruth Staub, «der Schmerz auch nicht.» Aber man könne lernen, mit ihm zu leben. «Und ihm das entgegensetzen, was noch stärker ist – so banal es auch klingt: Liebe.»

GESPRÄCH

Warum Fremdplatzierung oft über die Psychiatrie führt

Gianni Zarotti, Psychiater und Psychoanalytiker für Kinder, Jugendliche und Erwachsene, war von 1999 bis 2016 leitender Oberarzt an der kinder- und jugendpsychiatrischen Klinik Neuhaus der Universitären Psychiatrischen Dienste Bern (UPD). Er führt eine eigene Praxis in Zürich und ist als Supervisor und beratender Psychiater (Konsiliararzt) tätig. Er wünscht sich, dass die Psychiatrie im Platzierungsprozess irgendwann keine Rolle mehr spielt.

Gianni Zarotti, warum werden bei vielen fremdplatzierten Kindern psychiatrische Diagnosen gestellt?

Ich glaube, es ist umgekehrt. Die psychiatrischen Diagnosen werden gestellt, weil viele fremdplatzierte Kinder erst in eine psychiatrische Institution oder Umgebung kommen. Aber eigentlich sind die meisten Kinder, die fremdplatziert werden, nicht psychiatrisch krank. Viele sind vernachlässigt oder haben Eltern, die ihre elterliche Sorge zu wenig wahrnehmen können. Als Folge davon werden die Kinder auffällig. Es sind also meistens soziale und psychosoziale Umstände, die eine Platzierung notwendig machen. Die Kinder werden von einer Behörde für weitere Abklärungen in die Psychiatrie geschickt, von dort aus werden sie dann fremdplatziert. Die psychiatrische Diagnose braucht es zum Teil auch für die entsprechende psychiatrische Institution, damit die Krankenkasse zahlt. Die Kinder selbst brauchen sie oftmals nicht.

Erleichtert eine psychiatrische Diagnose den Platzierungsprozess?

Eine psychiatrische Beurteilung untermauert eine Begründung, weshalb ein Kind fremdplatziert werden muss. Eine Fremdplatzierung ist ein grober Eingriff in die Obhut der Eltern, das muss entsprechend begründet werden, weil sonst die zuständige Behörde zu wenig Handhabe für eine Platzierung hätte.

Welche Aufgaben hat die Kinder- und Jugendpsychiatrie im Bereich Kindesschutz?

Die Kinder kommen oft in die Kinder- und Jugendpsychiatrie, weil sie nicht mehr zur Schule gehen, das Haus nicht mehr verlassen, weil sie keine Freunde haben, grottenschlechte Noten nachhause bringen oder depressiv sind. Manche werden verhaltensauffällig und fliegen von der Schule. In der Psychiatrie stellt sich dann häufig heraus, dass da viele psychosoziale Probleme sind, die eine Platzierung als angezeigt erscheinen lassen. Um das festzustellen, braucht es aber nicht zwangsläufig die Psychiatrie, diese Aufgabe könnte in vielen Fällen auch eine Vormundschafts- oder eine Sozialbehörde übernehmen. Und das geschieht auch. In Zürich beispielsweise gibt es eine Behörde, die solche Schritte in die Wege leiten kann, ohne dass ein Umweg über die Psychiatrie nötig ist. Im Kanton Bern gibt es das auch. Die Erziehungsberatung zum Beispiel ist als schulpsychologischer Dienst oft schon früh in Kontakt mit Kindern aus schwierigen Verhältnissen. Fachlich gesehen kann sie eine solche Beurteilung des Kindes auch vornehmen. Denn oft braucht es keine Psychiatrisierung, sondern einfach jemanden, der hinsteht und entscheidet. Ich wünschte mir, dass die Psychiatrie im Platzierungsprozess irgendwann gar keine Rolle mehr spielt. Fremdplatzierte Kinder gehören nicht in die Psychiatrie, und es ist auch nicht der richtige Ort, um zu entscheiden, wo man sie unterbringen soll.

Was schätzen Sie: Wie oft geht der Weg bei Platzierungen über die Psychiatrie?

Nationale Zahlen dazu gibt es nicht. Die Zahlen hängen stark damit zusammen, wie hoch die Latte gelegt wird, also wie stark die Psychiatrie mitspielt oder sich verweigert. Als ich in der kinder- und jugendpsychiatrischen Klinik Neuhaus in Ittigen tätig war, machten wir bei allen Kindern, die für eine Aufnahme angemeldet waren, Vorgespräche mit den Eltern, dem Kind und mit dem Beistand, falls vorhanden. Wir versuchten, herauszufinden, wo genau die Problematik liegt und ob es tatsächlich einen Aufenthalt in der Psychiatrie braucht. Ich habe diese Latte jeweils relativ hoch angelegt. Aus der Überlegung heraus, dass es sich um Kinder handelt, die emotional depriviert sind, weil sie vernachlässigt wurden und aus Multiproblemfamilien stammen. Das ist nicht immer eine psychiatrische Angelegenheit. In vielen Fällen ist es je nach Kanton eine Angelegenheit der Schulbehörde, der Erziehungsberatung oder des schulpsychologischen Dienstes. Sie alle neigen aber dazu, die heisse Kartoffel an die Psychiatrie weiterzugeben.

Weshalb?

Einerseits, weil sie so die Verantwortung abschieben können. Andererseits, weil eine seriöse Beurteilung des Kindes eine genaue Übersicht der Gesamtproblematik bedingt. Diese zu ermitteln, ist sehr aufwändig und zeitintensiv. Man muss das Kind beurteilen, seine Umgebung, die Fähigkeit der Eltern zur Übernahme der Elternfunktion, es braucht eine soziale Beurteilung und so weiter. Es handelt sich oft um Kinder, die, sobald jemand Druck macht, um sich schlagen. Sie sind schwer führbar, sogenannt «schwierige» Kinder. Es ist einfacher, das Kind samt den Problemen in die Psychiatrie weiterzuschieben.

Und man schiebt damit auch die Kosten weiter?

Ja. Andere Lösungen gäbe es schon. Zum Beispiel gibt es Wohnheime, die solche Abklärungen anbieten. Aber im Gegensatz zur Psychiatrie gehen dort die Kosten an das Sozialamt. Den Aufenthalt in der Psychiatrie müssen die Krankenkassen übernehmen. Also gibt man das Kind natürlich dorthin, wo für das Sozialamt möglichst geringe Kosten anfallen.

Was bedeutet ein Aufenthalt in der Psychiatrie für die Kinder und Jugendlichen?

Für die fremdplatzierten Kinder ist es eine weitere Stigmatisierung: Sie sind sowieso schon «anders», wurden beispielsweise vernachlässigt, und jetzt werden sie noch in die Psychiatrie abgeschoben. Ausserdem verstärkt es bei den Kindern und Jugendlichen das Gefühl, dass sie selbst das Problem sind. Dass es ihre Schuld ist, wenn es ihnen und ihren Eltern schlecht geht. Das ist eine massive Schwierigkeit. Und viele Eltern erwarten von der Psychiatrie unbewusst auch genau das: dass das Kind eine Diagnose bekommt und sie selbst damit aus der Verantwortung entlassen werden. Viele Eltern lehnen sich dann zurück und unternehmen selbst nicht mehr viel, um etwas an der Situation zu verändern. Man gibt das Kind wie ein Auto in der Garage ab, und wenn es geflickt ist, holt man es wieder ab.

Was kann man einer solchen Haltung entgegensetzen?

Man kann die Eingangspforten in die Psychiatrie sehr eng halten. Ausserdem sollte man konsequent die Triage anwenden und sorgfältig abklären, ob es eine psychiatrische Zuweisung braucht oder nicht. Wenn man unnötige Aufenthalte verhindern kann, nützt das auch der Kinder- und Jugendpsychiatrie selbst. Denn die Stationen sind schweizweit regelmässig hoffnungslos überlaufen. Entsprechend summarischer und oberflächlicher ist dann auch die Beurteilung in der Klinik.

Was müssen fremdplatzierte Kinder im Gegensatz zu anderen Gleichaltrigen leisten?

Das kommt darauf an, wo und wie die Kinder fremdplatziert und wie die leiblichen Eltern miteinbezogen werden. Im idealen Fall lebt das Kind unter der Woche in einem guten, professionell geführten Schulheim oder bei einer verantwortungsvollen Pflegefamilie, wo es Halt, Struktur und Verlässlichkeit erfährt. Die Wochenenden verbringt es bei den leiblichen Eltern, wo die Familie eine harmonische Zeit verbringen kann, weil sie unter der Woche entlastet wurde. Häufig realisieren die Kinder natürlich trotzdem, dass sie als Fremdplatzierte ein Sonderfall sind, dass die meisten ihrer Freunde immer bei den leiblichen Eltern leben können. Noch schwieriger ist es, wenn das fremdplatzierte Kind Geschwister hat, die zuhause wohnen. Das ist dann eine heftige Anpassungsleistung, die das Kind erbringen muss.

Fremdplatzierte Kinder müssen sich meist mehrmals auf neue Situationen einstellen, auch wenn eine Platzierung ohne grössere Schwierigkeiten verläuft. Was macht das mit ihnen?

Sie müssen sich an eine neue Umgebung, eine neue Familienkultur gewöhnen. Aber Kinder sind sehr anpassungsfähig und flexibel. Sobald sie mit der neuen Struktur vertraut sind, wollen sie oft nicht mehr zurück. Weil sie realisieren, dass sie am neuen Ort Sicherheit, Zuverlässigkeit und Verbindlichkeit erfahren. Man weiss, dass Scheidungskinder nach der Trennung der Eltern deutlich entlastet sind, wenn der Trennung viele und lange Streitphasen sowie Gewalt vorausgegangen sind. Hingegen wird es für jene Kinder schwieriger, deren Eltern wenig Streit hatten, die sich einfach nichts mehr zu sagen hatten und sich dann für eine Trennung entschieden haben. Diesen Scheidungskindern geht es meist wesentlich schlechter, da sie die Trennung schwer nachvollziehen können. Das kann bei platzierten Kindern ähnlich sein: Je schwieriger die Situation zuhause ist, desto besser geht es den Kindern nach der Platzierung.

Fremdplatzierte Kinder befinden sich in einem emotionalen Ausnahmezustand. Was brauchen sie in dieser Situation?

Neben Verbindlichkeit und Verlässlichkeit brauchen sie neue emotionale Erfahrungen. Und auch diese müssen verbindlich und zuverlässig sein. Sie müssen sich getragen und angenommen fühlen. Es handelt sich oft um Kinder, die lange am Limit gelaufen sind, die mit dem Gefühl gelebt haben, sie seien schuld an der belastenden Situation. Schuld daran, wenn die Eltern sie nicht lieben. Ursächliches Denken entwickelt ein Kind erst in der Adoleszenz. Vorher bezieht es vieles auf sich selbst. Wenn das Kind dann in eine Umgebung kommt, wo es wieder Erfolgserlebnisse haben kann, wo jemand da ist, der sich für es interessiert, ihm etwas zutraut, kann das ungemein stärkend wirken. Bei jeder gelungenen Platzierung entsteht Entwicklungsraum, der vorher nicht da war.

Und wenn die Platzierung nicht gelingt?

Sehr ungünstig ist es, wenn das Kind seinen Platz mehrmals wechseln muss, wenn es nirgendwo richtig ankommen kann. Jeder Wechsel bedeutet Leiden. Deshalb ist eine sorgfältig geplante und begleitete Probezeit sehr wichtig. Das Kind soll sich den neuen Platz erst mal ansehen, und zwar am besten gemeinsam mit seinen Eltern. Diese mit im Boot zu haben, ist bei Wohnheimlösungen ebenso zentral wie bei Pflegefamiliensituationen. Danach sollte man dem Kind einen Probeaufenthalt von etwa zwei Wochen ermöglichen, damit es den neuen Ort kennenlernen kann. Wenn das funktioniert, ist die Wahrscheinlichkeit eines Platzierungsabbruchs wesentlich kleiner.

Die Eltern spielen eine zentrale Rolle.

Ja. Man muss sie unbedingt von Anfang an miteinbeziehen. Auch dann noch lässt sich ein Loyalitätskonflikt fast nicht vermeiden. Schliesslich hat das Kind nur ein Paar Eltern. Und ihnen gegenüber ist es in der Regel sehr loyal, egal wie viel Schlimmes vorgefallen ist. Wenn man die Eltern mit ins Boot holt, kann man den Loyalitätskonflikt aber minimieren. Wenn man es schafft, sie mit in die Verantwortung zu nehmen, realisiert das Kind: Ich darf am neuen Ort sein, und es darf mir hier gut gehen. Gegen den Willen der Eltern eine Platzierung zum Erfolg zu führen, ist schwierig. Oft leidet das Kind sehr. Die schlimmste Situation, die ich diesbezüglich erlebt habe, war jene eines Jungen, der im Wohnheim lebte. Sein Vater war im Gefängnis, weil er den neuen Partner seiner Exfrau erschossen hatte. Der Vater durfte aber weiterhin Kontakt mit seinem Sohn halten. Doch er machte das Wohnheim ständig schlecht und gab dem Sohn Anweisungen, er solle sich ja nichts gefallen lassen und wenn nötig voll zuschlagen. Ich versuchte den Kontakt zu unterbinden, hatte rechtlich in diesem Fall aber keine Chance. Schliesslich wurde die Situation im Heim untragbar, und der Junge musste es verlassen. Wie es danach mit ihm weiterging, weiss ich nicht. Solche Situationen sind für ein Kind eine Katastrophe. Dann lieber zeitweise gar keinen elterlichen Kontakt als auf solch destruktive Weise.

In unseren Gesprächen mit ehemaligen fremdplatzierten Kindern erzählten viele davon, als Kind keine Stimme gehabt zu haben. Werden die Kinder im Platzierungsprozess genug angehört?

Die rechtliche Situation gibt heute klar vor, dass die Kinder angehört werden müssen. In der Praxis wird das aber sehr unterschiedlich gehandhabt. Eine Anhörung kann sein: «Hör zu, du wirst platziert. Hast du dazu noch etwas zu sagen?» Eine Anhörung kann aber auch ein Prozess sein, in dem man die Platzierung eng begleitet und immer wieder begründet. So oder so ist sie eigentlich ein Trostpflaster und keine wirkliche Mitsprache. Wenn man dem Kind sagt: «Bei dir zuhause ist es gerade schwierig. Aus diesem Grund werden wir dich platzieren, und wir hoffen, dass es dann besser wird. Oder hast du eine Alternative?» Das wäre absurd. Woher soll ein Kind eine Alternative haben? Natürlich kommt es auch auf das Alter an. Ein Sechsjähriges ist nicht in der Lage mitzureden. Es hat meist keine klare Antwort auf die Frage, was es denn möchte. In die Entscheidung, ob es zu einer Platzierung kommt, sollte man das Kind meiner Meinung nicht einbeziehen. Aber in das Wie und das Wo der Platzierung schon. Hier sollten die Eltern und das Kind ein Stück weit ein Mitspracherecht haben.

In der Gesellschaft ist Fremdplatzierung gemeinhin eine Art Schreckgespenst. Etwas, das man dem Kind «antut». Wie sehen Sie das?

Ich habe in der Klinik und in Supervisionen immer wieder auch von Fachpersonen gehört, dass eine Fremdplatzierung unter allen Umständen zu vermeiden sei. Sie sei schlecht, da nehme man jemandem seine Eltern weg. Und gerade im Heim gebe es noch andere schwierige Kinder, das könne nicht gut herauskommen. Ich habe mich immer massiv gegen diese Sichtweise gewehrt. Natürlich wächst ein Kind idealerweise bei seinen Eltern in Sicherheit, Liebe und Geborgenheit auf. Wenn das aber nicht möglich ist, bekommt es in einem einigermassen guten Heim – natürlich gibt es auch weniger gute – viele persönlichkeitsstärkende Rahmenbedingungen, die ihm zuhause gefehlt haben. In einem Wohnheim bekommt es überdies noch eine institutionalisierte Gruppe Gleichaltriger, mit der man «Jugend» üben kann, mit der man auch erwachsenes Verhalten lernen kann. Das ist enorm wichtig. Adoleszente brauchen eine Peergroup. Gerade weil die fremdplatzierten Kinder und Jugendlichen häufig aus Situationen kommen, in denen eine solche Gruppe fehlt. Sie sind oft allein, haben in der Regel kaum Freunde, wurden vielleicht gemobbt. Kinder ab dem zehnten, elften Altersjahr habe ich deshalb irgendwann nicht mehr bei Pflegefamilien platziert. Weil eine familiäre Situation für Adoleszente weniger angezeigt ist als für kleinere Kinder.

Ein Schreckgespenst war in der öffentlichen Wahrnehmung lange auch die Kindes- und Erwachsenenschutzbehörde (KESB). Sie hatten als Kinder- und Jugendpsychiater immer wieder mit der zuständigen Vormundschaftsbehörde verschiedener Kantone zu tun. Welche Bilanz ziehen Sie in Sachen KESB?

Bevor es die KESB gab, hatte ich in Bern mit ganz vielen Vormundschaftsbehörden zu tun. Darunter gab es – vor allem in grösseren Ortschaften wie Bern, Thun und Langnau – sehr professionelle. Da arbeiteten Fachleute, die man einbeziehen, denen man gewisse Aufgaben übertragen konnte. Es gab aber auch Gemeinden, in denen der Metzger oder der Wirt als ehrenamtlicher Präsident der Vormundschaftsbehörde amtete. Hier war es schwierig, weil einem Laien das nötige Wissen fehlt und er die Institutionen nicht kennt. Zudem kam es vor, dass die Gemeinde wegen eines «Tunichtguts», den man kostenintensiv irgendwo untergebracht hatte, den Steuerfuss erhöhen musste. So suchte man beim nächsten Mal doch lieber eine billigere Lösung. Auf die KESB und die damit verbundene Professionalisierung haben wir damals sehr gewartet. Und insgesamt ist es tatsächlich eine deutliche Verbesserung. Im Kanton Bern gibt es nun statt 320 nur noch 11 Anlaufstellen. Es ist jetzt möglich, auch mit einem Notfall oder mit einem Spezialfall zur KESB zu gehen und gemeinsam eine Lösung zu suchen.

Aber?

Auch die KESB-Stellen sind sehr divers und unterscheiden sich im Knowhow, in der Qualität und in der beruflichen Motivation der Mitarbeitenden erheblich. Ausserdem arbeiten dort vor allem Juristinnen und Juristen, was bedeutet, dass oft wenig sozialpädagogisches Wissen vorhanden ist. Erfordert ein Fall mehr als juristisches Fachwissen, sind sie häufig überfordert. Zum Teil ist es sehr schwierig, mit KESB-Mitarbeitenden auf einen Nenner zu kommen. Ihr Fokus liegt vor allem auf dem Juristischen und darauf, einen Rechtsstreit zu vermeiden. Natürlich ist eine Vormundschaftsbehörde eine juristische Angelegenheit, aber es braucht meines Erachtens unbedingt auch einen sozialpädagogischen Hintergrund. Man könnte es handhaben wie in der Jugendstrafrechtspflege. Dort wird jeder Jugendanwalt oder jede Jugendanwältin von einem Sozialpädagogen oder einer Sozialpädagogin als Sachbearbeitende unterstützt. Das wäre für die KESB auch sinnvoll.

Zum Schluss: Lassen Sie sich bei Ihrer Arbeit von den Geschichten der Kinder und Jugendlichen berühren?

Wenn ich mich als Kinder- und Jugendpsychiater von den Geschichten meiner Patientinnen und Patienten nicht berühren lasse, bin ich im falschen Job.

Wie schaffen Sie es, sich dennoch abzugrenzen und auch mal abzuschalten?

Das muss man lernen. Wenn man es nicht kann, frisst es einen auf. Aber natürlich gelingt eine Abgrenzung nicht immer gleich gut. Ich hatte in meinem Berufsleben immer wieder Situationen, die belastend waren. Mehrere Male sass ich in meinem Büro, weinte und wusste nicht mehr weiter. Zwei Dinge haben mir geholfen: Erstens habe ich einst selbst eine intensive Psychoanalyse gemacht, das gehörte zur Ausbildung. Ich lernte mich besser kennen und realisierte, wann es mir den Ärmel einnimmt und ich die Distanz verliere. Was einen bei anderen aus der Fassung bringt, hat viel mit der eigenen Geschichte zu tun. Wenn man sich das bewusst macht, kann man mit emotional herausfordernden Situationen besser umgehen und schneller wieder zu sich selbst finden. Zweitens ist das Privatleben wichtig: Wenn du ein stimmiges Umfeld hast, eine Beziehung, die dich trägt, ist vieles einfacher.

«Was mir fehlt, sind lebenslange Freunde»

Gilli Pauli

Den Geruch von Räucherstäbchen mag Gilli Pauli bis heute nicht. Curry, Ingwer, Kurkuma waren ihm lange zuwider. Weil sie ihn an eine Zeit erinnern, die vergangen, aber nicht vergessen ist. Eine Zeit, die Wunden hinterlassen hat.

So riecht es in seinem Haus im ländlichen Landiswil weder nach Räucherstäbchen noch nach Curry. Es riecht nach Kaffee und Regen, der an diesem stürmischen Winterabend immer wieder an die Fensterscheibe tropft. Drinnen ist es warm und heimelig. Viele Kinderschuhe im Eingang. Kinderjacken, Mützen, Schals und Handschuhe ordentlich übereinander aufgehängt. Auf dem Esstisch liegt Selbstgebasteltes. Im Radio läuft leise Musik, sonst ist es still. Die Kinder – drei eigene und ein Pflegekind – sind bereits im Bett. Gilli Pauli und seine Frau Vroni setzen sich an den Tisch. Der Familienvater spricht sofort offen über seine Vergangenheit. Über die Zeit, an die ihn der Geruch von Curry erinnert.

Sein Vater war selbständiger Architekt, die Mutter gelernte Hochbauzeichnerin. Die ersten ein, zwei Jahre als Familie sollen harmonisch gewesen sein, aber das weiss er nur aus Erzählungen und von Fotos. Geboren wurde Gilli Pauli 1982, an die ersten acht Jahre erinnert er sich nur bruchstückhaft. Daran, dass er und sein drei Jahre älterer Bruder nach der Schule manchmal überrascht vor verschlossenen Türen standen. Dass sie sich wie Einbrecher über halboffene Fenster Zugang zu ihrem Zuhause verschafften. Oder dass die Mutter ihre Kinder, etwa drei und sechs Jahre alt, im Freibad allein liess. Dass sie oft nicht da, nicht zuverlässig war. Als Kind hatte Gilli Pauli keinen Begriff dafür. Heute nennt er es Vernachlässigung.

1990 dann, Gilli war acht Jahre alt, liessen sich die Eltern scheiden. «Der Vater hatte genug», sagt Gilli Pauli trocken. Die Kinder blieben bei der Mutter, die mit ihnen von Thalwil am Zürichsee in die Stadt zog. Dort trat sie der Glaubensgemeinschaft Hare Krishna bei, was den Familienalltag stark prägte. Sie nahm die Kinder gelegentlich in den indischen Tempel in Zürich mit. Gilli Pauli hat gute Erinnerungen an diese Besuche. Dass Hare Krishna damals eine sektenähnliche Organisation war, wurde ihm erst später bewusst. Die Mutter begann, ihr Leben mehr und mehr nach starren Regeln auszurichten. «Sie hatte schon immer einen Hang zum Extremen. Das hatte sich zum Beispiel an ihrem Essverhalten gezeigt, schon vor Hare Krishna.» Oft habe sie gesagt: «Wenn ihr Fleisch esst, verfault ihr innerlich.» Und sehr oft kochte sie Curry. Einmal habe sie sich wochenlang nur von abgekochtem Wasser ernährt oder von Rohkost, erinnert er sich. Einmal nur von Milchprodukten, bis sich ihr Körper mit Unverträglichkeiten gegen die Einseitigkeit zu wehren begann. Beide Kinder hatten Mühe mit der neuen Situation. Gillis Bruder begann, die Schule zu schwänzen, liess sich auf falsche Freunde ein, wurde auffällig. Schon bald ging es nicht mehr, und jemand machte eine Meldung beim Jugendamt. Schliesslich wurde der Bruder, 13 Jahre alt, in einem Internat der Rudolf-Steiner-Schule im Engadin – der Bergschule Avrona – untergebracht. Gilli blieb bei seiner Mutter.

«Es war nie langweilig im Internat, immer waren Kinder da zum Spielen. Das findest du als Zehnjähriger natürlich cool.»

Im November 1992 sollte er seinem Bruder ins Internat folgen, entschied das Jugendamt. Doch wie sagt man einem Viertklässler, dass er seine Mutter, die gewohnte Umgebung, die Schule und Freunde nun verlassen wird? Im Fall von Gilli Pauli entschieden sich die Verantwortlichen, es ihm gar nicht zu sagen. «Man erzählte mir, dass ich bei meinem Bruder eine Woche Ferien verbringen würde.» Er verabschiedete sich von seinem Lehrer, seinen Klassenkameraden und von seiner Mutter im Glauben, er werde bald zurückkehren. Gilli kam in dieselbe Wohngruppe wie sein Bruder, freute sich, ihn wiederzusehen. Nach der Woche fragte ihn eine Betreuungsperson, wie es ihm gefalle und ob er bleiben wolle. Er sagte ja. Und blieb. Sein ehemaliger Klassenlehrer räumte gemeinsam mit den ehemaligen Schulkollegen Gillis Pult aus und schickte ihm die Sachen ins Internat. Seine Mutter sandte ihm persönliche Dinge und Kleider – er hatte ja nur für eine Woche gepackt.

Die Tragweite dieses Schul- und Wohnwechsels sei ihm damals nicht bewusst gewesen. Plötzlich lebte er in einer Wohngruppe mit fünf anderen Kindern, statt einer Mutter war da die Betreuerin Claudia. In den Ferien wohnten Gilli und sein Bruder bei der Mutter, davon ein bis zwei Wochenenden beim Vater. Die Zeit im Internat habe er grundsätzlich positiv erlebt, zumindest die ersten Jahre. «Es war nie langweilig im Internat, immer waren Kinder da zum Spielen. Das findest du als Zehnjähriger natürlich cool.» Heimweh habe er selten gehabt. Vielleicht, weil er schon gelernt hatte, selbständig zu sein. Was ihm bei der Lebensform Wohnheim gefehlt habe, sei ihm erst als Erwachsener klar geworden: körperliche Nähe. Zum Schutz vor Missbrauch sei Körperkontakt zwischen den Kindern und den Betreuenden absolut tabu gewesen. «Immer wenn ich bei meinem Vater zu Besuch war, suchte ich seine Nähe so sehr, dass es ihm oft zu viel wurde.» Auch der Vater wird ihm später erzählen, dass er und sein Bruder richtig an ihm «geklebt» hätten, so sehr hätten sie etwas «nachholen» müssen.

Eine Weile lief alles gut in der Wohngruppe der Pauli-Brüder. Dann, im Frühling 1994, kam ein neuer Betreuer, Peter. Und Claudia ging. Sie hatte gekündigt, um eine neue Stelle anzutreten. Eine Weile betreuten Claudia und Peter die Jungs noch gemeinsam. Als sie weg war, bildeten Gilli, der Bruder und ein weiterer Junge eine neue Dreierwohngruppe. Wieder ein Bruch, wieder eine neue Bezugsperson. Für beide Brüder war diese erneute Entwurzelung einschneidend, doch ihre Reaktionen fielen auch diesmal unterschiedlich aus. Während Gilli zurechtkam, sich anpassen konnte, begann der Bruder zunehmend zu rebellieren. «Ich weiss nicht genau, was vorgefallen war, wir haben nie darüber gesprochen. Aber ich erinnere mich, dass er die Schule von einem Tag auf den anderen verlassen musste. Es ging offenbar nicht mehr.» Der Bruder wurde erst mal für eine zweiwöchige Auszeit in den Landdienst ins Emmental geschickt – zu einer Pflegefamilie in Rüegsauschachen.

Marianne und Beat Röthlisberger, damals 25 und 27 Jahre alt, noch kinderlos, hatten wenige Wochen zuvor den Bauernhof von Beats Vater übernommen, der im Jahr davor gestorben war. «Heute staune ich, dass sie sich gerade in dieser Zeit auch noch einen anstrengenden Teenager ins Haus geholt haben», sagt Gilli Pauli. Doch es funktionierte: Der Bruder fühlte sich bei Röthlisbergers wohl, kam zur Ruhe. Aus den geplanten zwei Wochen wurde ein halbes Jahr. Ins Berginternat kehrte er nicht mehr zurück. Für Gilli war es ein Déjà-vu: Wieder war sein Bruder von einem Tag auf den anderen weg. Er selbst wechselte nach dem Auszug des Bruders in eine grössere Gruppe mit zwölf Kindern und Jugendlichen und blieb bis und mit der neunten Klasse im Wohnheim, insgesamt viereinhalb Jahre. Die Ferien aber verbrachte er von da an ebenfalls grösstenteils bei Röthlisbergers. Das wurde vom Jugendamt so festgelegt. Und Gilli Pauli ist bis heute dankbar für diese Regelung: «Es tat mir gut, das habe ich sofort gemerkt.»

«Nach der neunten Klasse gab es für mich zwei Optionen.» Gilli Pauli nippt an seinem Kaffee. Mittlerweile hat es aufgehört zu regnen. Seine Kinder schlafen immer noch tief und fest. «Ich hätte zurück zur Mutter nach Zürich gehen und von dort aus eine Lehre machen können. Die andere Möglichkeit war, zu Röthlisbergers zu ziehen.» Er entschied sich für Letzteres. Das Jugendamt stand hinter der Entscheidung und finanzierte den Aufenthalt im Emmental bis zum Ende der Ausbildung. In Wynigen fand der 15-Jährige eine Lehrstelle in einem Schreinerbetrieb. Marianne und Beat Röthlisberger besorgten ihm ein Mofa, damit er die halbe Stunde über die Hoger zwischen Rüegsauschachen und Wynigen meistern konnte. Obwohl das erste halbe Jahr schwierig war, weil er schulisch einiges nachholen musste, gewöhnte sich Gilli schnell an die neue Umgebung und den neuen Lebensabschnitt. So wie er es die Male zuvor auch getan hatte. Er fand in der Gewerbeschule, in der Landjugend und im Musikverein Freunde und fühlte sich beim Ehepaar Röthlisberger, das mittlerweile selbst Kinder hatte, geborgen.

Zu seiner Mutter pflegte er in dieser Zeit einen «relativ engen Kontakt», wie er sagt. Sie besuchte ihn regelmässig im Emmental, er hatte – bis zum Beginn der Lehre – einen Teil seiner Ferien nach wie vor bei ihr verbracht. Seine Entscheidung, zu Röthlisbergers zu ziehen, habe sie unterstützt, ihn nie zu etwas gedrängt. Erst nach dem Ende der Lehre wurde der Kontakt zwischen Gilli und seiner Mutter zunehmend schwieriger, distanzierter. «Ich begann langsam zu realisieren, was eigentlich alles schiefgelaufen war.» Während das Verhältnis zum Vater konstant freundschaftlich blieb, wurden die Besuche bei der Mutter mehr und mehr zur Belastung, zur lästigen Pflicht. Gilli war Anfang zwanzig, als er seiner Mutter in einem Brief schrieb, dass er den Kontakt abbrechen wolle. Mehr als das: Er liess raus, was sich die Jahre zuvor angestaut hatte. Den Schmerz, die Vorwürfe. Schrieb ungefiltert, was ihn störte. «Ich weiss nicht, wie ich reagieren würde, wenn mir eines meiner Kinder so einen Brief schreiben würde. Es wäre schrecklich», sagt er. Für die Mutter muss es das wohl auch gewesen sein. Sie reagierte so, wie es ihr in diesem Moment möglich war. Aber es war nicht das, was sich der Sohn erhofft hatte. «Sie rechtfertigte sich, schob die Schuld allen anderen in die Schuhe. Damit konnte ich nichts anfangen.» Bis heute sehnt er sich nach einer Entschuldigung. Nach einer Einsicht. «Hätte meine Mutter damals zu ihren Fehlern stehen, ihren Anteil an der Geschichte sehen können, wäre es vielleicht anders gekommen.»

«Hätte meine Mutter damals zu ihren Fehlern stehen, ihren Anteil an der Geschichte sehen können, wäre es vielleicht anders gekommen.»

Denn die Mutter bekam nicht mit, wie Gilli Pauli seine zukünftige Frau kennenlernte, wie er sie heiratete. Was es mit ihm machte, selbst Vater zu werden. «Das hat die ganze Geschichte noch einmal in mir hochgekocht.» Dank der neuen Vatergefühle konnte er einiges nachempfinden, anderes wurde ihm noch unverständlicher als vorher. Seit ein paar Jahren sieht Gilli Pauli seine Mutter nur noch an Beerdigungen. An jener seiner Grossmutter, an jener seiner Tante. Mit jeder Begegnung liess der Schmerz ein bisschen nach, und mit dem eigenen Erfahrungsschatz wuchs auch die Erkenntnis, dass beide Elternteile ihre Verantwortung an der Geschichte tragen, nicht nur die Mutter. Dass die Kinder auch vom Vater beeinflusst wurden, dessen Meinung zur Mutter übernommen hatten. Aber wieder Kontakt aufnehmen, sie einladen? «Nein, das kann ich mir zurzeit nicht vorstellen.» Braucht er elterlichen Rat, geht er zu seinen Pflegeeltern, mit denen er noch heute engen Kontakt pflegt. Er lebte einige Jahre zusammen mit Vroni auf deren Hof, in der extra für das junge Paar zur Wohnung umgebauten Heubühne.

«Das Einschreiten des Jugendamts, die Entscheidungen, die von zuständigen Fachpersonen getroffen wurden: All das war richtig.»

Kürzlich haben die Paulis selbst ein Pflegekind in Obhut genommen. Die Initiative kam von Vroni, Gilli war erst skeptisch. Endlich hatte er die Familie, die er als Kind so herbeigesehnt hatte, die Konstanz, die ihm lange fehlte. Er befürchtete, mit der Aufnahme eines Pflegekindes etwas davon wieder aufgeben zu müssen. «Ich hatte Angst davor, das Modell Familie wieder aufzubrechen.» Er sprach mit Angela, der leiblichen Tochter der Familie Röthlisberger, wollte wissen, wie es für sie war, mit Pflegekindern aufzuwachsen. Als sie ihm erzählte, dass es eine Bereicherung gewesen und die Pauli-Brüder wie ihre leiblichen grossen Brüder seien, verflogen die Ängste.

Hat sich durch die Erfahrung mit dem Pflegekind sein Blick auf die eigene Fremdplatzierung verändert? «Der Junge erinnert mich ein wenig an mich selbst, als ich in seinem Alter war», sagt Gilli Pauli. Über beide haben Fachpersonen gesagt, dass man ihnen die Emotionen auf den ersten Blick nicht anmerke. Dass man nicht recht wisse, wie es innen drin aussehe. Ausserdem sei es spannend, «hinter die Kulissen» zu sehen. Zu erfahren, wie die KESB funktioniere, wie eine Integration in eine Familie ablaufe. Das «organisatorische Prozedere» seiner eigenen Platzierung verstehe er nun besser. «Das Einschreiten des Jugendamts, die Entscheidungen, die von zuständigen Fachpersonen getroffen wurden: All das war richtig», sagt Gilli Pauli heute. Auch wenn man die Art und Weise, wie ihm Entschlüsse mitgeteilt wurden, sicher hinterfragen könne. Als Kind sei er nie ernsthaft in einen Entscheidungsprozess miteinbezogen worden. Aber das sei es nicht, was immer noch nachwirke. Es sei die Entwurzelung an sich. «Was mir fehlt, sind lebenslange Freunde. Gleichaltrige, mit denen ich aufgewachsen bin.» Zu oft musste er die Schule wechseln, Kontakte abbrechen. Es falle ihm zwar leicht, neue Bekanntschaften zu schliessen, und er habe auch gute Freunde. Aber keinen von ihnen kenne er von klein auf. «Diese wirklich tiefe Art der Freundschaft vermisse ich.» Deshalb ist er froh, kann er seinen Kindern nun das bieten, was ihm verwehrt blieb: ein konstantes Zuhause. Vielleicht deshalb war es ihm so wichtig, ein Eigenheim zu besitzen. Intensiv haben Gilli und Vroni Pauli gesucht, bis sie auf einem Landiswiler Hügel im tiefsten Emmental – rund zehn Autominuten von Rüegsauschachen entfernt – ein passendes Haus gefunden haben. Eines, das zwar höchst renovierungsbedürftig war, sich aber von Anfang an wie ein Zuhause anfühlte.

Mit seiner Geschichte ist Gilli Pauli mittlerweile im Reinen. Zumindest gibt es keine Fragen mehr, die ihn quälen. Seinen Kindern und Pflegekindern will er alles erzählen, sollten sie ihn eines Tages danach fragen. Mit seinem Vater und dem Bruder – heute ein vierfacher Vater – steht er in freundschaftlichem Kontakt. Mittlerweile kann Gilli Pauli sogar wieder Curry essen. Dank der Jahre, die sich zwischen das Kind und den Mann gelegt haben. Und dank der Kochkünste seiner Frau.

«Zu oft wird versucht, alle über einen Kamm zu scheren, statt auf die individuellen Bedürfnisse einzugehen»

Zoey Stark

«Professionelle Distanz.» Zoey Stark* spricht es aus wie ein Schimpfwort. Sie könnte stundenlang über die Bedeutung des Ausdrucks diskutieren, warnt sie schmunzelnd. «Alle sprachen im System über die nötige Distanz. Dabei habe ich als Kind vor allem das gesucht, was ich zuhause nicht erfahren habe: Nähe.» Distanz verhindere ausgerechnet zu jenen Personen eine Beziehung, bei der sich ein fremdplatziertes Kind am meisten geborgen fühle. «Als Betroffene fühlte ich mich ständig fremdbestimmt. Dabei muss man ein fremdplatziertes Kind vor nichts schützen, es hat die Extremsituation ja bereits erlebt.»

1988 wird Zoey Stark in eine Familie hineingeboren, die von aussen als «intakt» wahrgenommen wird. Da sind eine Mutter, ein Vater, ein ländliches Daheim in der Ostschweiz, Essen, und ein Jahr später stösst auch noch ein Bruder dazu, der das Familienbild komplettiert. Trotzdem wird Zoey bereits mit acht Monaten vom Vater in der Gemeindeverwaltung abgegeben. Die Mutter, die an mehreren Herzfehlern leidet, liegt im Spital, und der Vater muss ins Militär – und weiss nicht, was er mit dem Baby anstellen soll. Die Gemeinde übergibt das Kind einem älteren Ehepaar, bei dem es die folgenden Jahre über immer wieder Zuflucht finden wird. Bei diesem Paar erfährt es die Liebe, die ihm zuhause verweigert wird. Körperliche Nähe erfährt Zoey als Kleinkind kaum. Umarmungen gibt es für den kleineren

* Die Porträtierte möchte anonym bleiben. Ihr Pseudonym hat sie sich selbst ausgesucht.

Bruder, nicht aber für sie. Und immer wieder versucht ihr die Mutter ihren Willen aufzuzwingen: wie sie zu sitzen, zu trinken, zu laufen oder zu atmen hat. Draussen spielen mit den anderen Kindern darf sie nicht. «Du bist ein schlimmes Kind, eine Enttäuschung», das hört sie immer wieder. Manchmal droht die Mutter mit erweitertem Suizid, manchmal bringt sie die Tochter zu deren Götti und weiteren Verwandten auf den Bauernhof und verabschiedet sich mit den Worten: «Hier, ihr könnt sie haben.»

Nie stattet jemand von der Sozialbehörde der Familie einen Besuch ab, niemand schaltet die Vormundschaftsbehörde ein. Gegen aussen wirkt alles zu normal. Obwohl das Kind bereits im Alter von zwei Jahren beginnt, Essen zu verweigern. Und obwohl bei der Mutter, wie Zoey Stark viele Jahre später aus Akten des Kinderspitals erfährt, das Münchhausen-Stellvertreter-Syndrom vermutet wird. Dafür sucht man das Problem bei der Tochter: Da sie unter ADHS leide, werden Sonderschulmassnahmen ergriffen. Die Mutter beantragt freiwillig einen Beistand, der fortan alle wichtigen Entscheide mitträgt und den Eltern gemäss Zivilgesetzbuch «mit Rat und Tat zur Seite steht». So sind besorgten Verwandten von Zoey offiziell die Hände gebunden zu intervenieren. «Und wer steht dem Kind mit Rat und Tat zur Seite?», fragt sie sich heute. Immer öfter ist Zoey beim älteren Ehepaar, bei dem sie sich geborgen fühlt. Gerne würde sie noch mehr Zeit beim Paar verbringen, doch das lässt ihre Mutter nicht zu – obwohl auch das Ehepaar sie gerne als Pflegekind aufnehmen würde. Und dann, eines Tages, liegt alles in Scherben.

«Alle sprachen im System über die nötige Distanz. Dabei habe ich als Kind vor allem das gesucht, was ich zuhause nicht erfahren habe: Nähe.»

Es fängt mit Zoeys Wunsch an, von ihrer Mutter in den Arm genommen zu werden, so wie der Bruder. «Dich will doch niemand anfassen», sagt die Mutter. «Und ob, ich werde auch angefasst!», protestiert Zoey. Es ist eine Seltenheit, doch in diesem Moment schenkt ihr die Mutter ihre volle

Aufmerksamkeit. Sie will mehr wissen: Wer fasst Zoey an? Wo? Wie? Das Mädchen erzählt, malt aus, erfindet. Am Ende ihrer Erzählungen sieht es aus, als ob der Ehemann des Pflegeelternpaars Zoey sexuell belästigt hätte. «Ich wusste: Wenn ich jetzt nicht weitererzähle, dann wendet sich meine Mutter wieder von mir ab», erklärt sie rückblickend. Die Mutter konfrontiert das Paar, und Zoey wird in die Enge getrieben. Schliesslich fliegt das Ganze auf. Zur Strafe muss Zoey daraufhin jede freie Minute allein in ihrem Zimmer verbringen – zwei Jahre lang. Während dieser Zeit erhält sie keinerlei Aufmerksamkeit.

Als Neunjährige kommt Zoey aus schulischen Gründen in ein Heim. Zwei Jahre lebt sie dort – eine prägende Zeit. «Ich konnte blöd tun und alle erdenklichen Grenzen testen und dabei erfahren, dass ich dafür zwar ermahnt werde, nicht aber geschlagen, ignoriert oder verbal erniedrigt.» Rückblickend hat sie die Zeit in guter Erinnerung, auch wenn «nie jemand im Heim fragte, ob ich mich am Wochenende zuhause bei der Familie wohlfühlte». Zudem wird Zoey bewusst, dass sie auch hier keinen richtigen «Buddy» hat, der für sie einsteht: «Ich spürte die Betreuerinnen und Betreuer nicht wirklich. Ihre professionelle Distanz stand dazwischen. Ausserdem fand ich es unangenehm, dass sie alles Mögliche über uns Kinder wussten und in Akten festhielten, wir umgekehrt aber nichts von ihnen.» Als Zoey elf Jahre alt ist, wird die Rückführung in die Familie beschlossen. «Den Eltern war dies recht, denn sie hielten den Aufwand, mich am Wochenende nachhause zu holen, für benzinvergeudend», sagt Zoey Stark. Vier Jahre lebte das Mädchen wieder bei der Familie. «Diese vier Jahre fühlen sich auch rückblickend wie eine halbe Ewigkeit an. Es ist, als ob ich den Grossteil meines Lebens in dieser Konstellation zugebracht hätte.»

Nach einer kurzen, versöhnlichen Eingewöhnungsphase kehren die alten Verhaltensmuster zurück. Die Mutter kritisiert. Alles. Ständig. Zoey isst falsch, sie trinkt falsch, geht falsch, hüpft falsch, spricht falsch, zeigt im falschen Moment die falschen Gefühle. Umarmt wird sie nicht, dafür immer wieder mit tagelangem Schweigen bestraft. «Dann wusste ich jeweils, dass ich in ihren Augen wieder etwas falsch gemacht hatte.» Der Bruder wird gegen seine Schwester aufgebracht, der Vater unterstützt die Mutter, sagt, das Mädchen sei anstrengend, schwierig, undankbar, brauche keine Freundinnen, die Mutter sei Freundin genug.

Jene elterliche Zuneigung, von der Zoey wenig sieht, wird ihrem Bruder dafür umso stärker zuteil. «Einmal schenkte mir mein Götti zum Geburtstag eine tolle Jacke. Sie war aussen silberfarben und innen schwarz, man konnte sie aber auch umdrehen und mit der schwarzen Seite nach aussen tragen. Meine Mutter nahm sie mir weg und sagte, sie sei mir viel zu klein, weil ich zu dick sei, mein Bruder könne sie tragen.» Zoey ist mittlerweile ein Teenager, sie möchte sich gerne modisch kleiden, doch was für ihre Klassenkolleginnen zur Normalität gehört, bleibt ihr verwehrt. «Ich musste immer die alten Kleider meiner Mutter anziehen.» Der Stil fällt in der Klasse auf, wird belächelt. Zoey wird noch stärker ausgeschlossen, Freunde hat sie keine. Einen Freundeskreis aufzubauen, wird durch die vielen Umzüge der Familie zusätzlich erschwert. Von der charmanten Wohnung, in der sie sich wohlfühlt, zieht die Familie in ein kaltes, düsteres Haus. «Im Winter war es in meinem Zimmer eisig kalt. Die meiste Zeit habe ich unter der Bettdecke gelesen.»

Auch in der neuen Schule wirkt das Mädchen abwesend, steht abseits. Den Lehrpersonen fällt es auf, aber der Vater, der darauf angesprochen wird, blockt ab. Immer wieder erzählt die Mutter die Missbrauchslüge, warnt Lehrpersonen vor ihrer manipulativen, schwierigen Tochter. «Zuhause wurde ich manchmal geschlagen, aber selten so, dass blaue Flecken zurückblieben.» Gegen aussen fehlen nach wie vor die Beweise für eine Intervention, und niemand hört dem Mädchen zu oder glaubt ihm. Es sei halt «schwierig», so etwas wie psychische Gewalt festzustellen, erklärt man Zoey Stark im Nachhinein.

Als Zoey 15 Jahre alt ist, kommt es schliesslich zur Eskalation. Die Mutter wünscht, dass sie eine Lehre als Köchin antritt. Dafür besuchen sie zusammen zahlreiche Restaurants zum Schnuppern, doch Zoey findet keine Lehrstelle und möchte eigentlich etwas anderes lernen. Einmal mehr straft sie die Mutter dafür mit Schweigen – zwei Wochen lang. Auch an ihrem Geburtstag, der in diese Zeit fällt, wird nicht mit ihr gesprochen. Das Geschenk wirft ihr die Mutter beiläufig ins Zimmer.

Schliesslich konfrontiert Zoey ihre Mutter und fragt diese, ob sie sie überhaupt liebe. «Nein», lautet die Antwort. Da beschliesst sie, dass sie nicht länger bei ihrer Familie leben will, weil sie diese Lieblosigkeit nicht mehr aushält. Ihre Mutter wird wütend, beschimpft die Tochter und sperrt sie ins Zimmer ein. Zoey öffnet das Fenster und versucht sich abzuseilen. Dabei fällt sie zu Boden. «Ich dachte: Entweder gelingt mir die Flucht, oder ich sterbe halt. Mir war beides recht. Hauptsache, die Situation mit meinen Eltern nahm ein Ende.»

Zoey flüchtet zu einer Lehrerin, die schliesslich erreicht, dass das Mädchen bei einer SOS-Pflegefamilie unterkommt. «Es war wunderschön: Zum ersten Mal in meinem Leben konnte ich mich bei Hunger einfach im Kühlschrank bedienen, ohne dafür mit Konsequenzen zu rechnen.» Danach wird eine Pflegefamilie für sie gefunden, bei der sie sich bald einlebt. Die leibliche Tochter der Familie fürchtet sich erst etwas vor der Fremden, doch später im Leben werden sie Freundinnen – und bleiben es. Während ihrer Zeit bei der Pflegefamilie macht Zoey ihren Schulabschluss, wird konfirmiert – und beginnt, das Leben eines Teenagers richtig auszukosten. Sie geht viel aus, manchmal kommt sie angetrunken nachhause. Die Pflegeeltern sind überfordert und fürchten, ihre Verantwortung nicht genug wahrnehmen zu können. Darum kündigen sie nach einem Jahr schliesslich das Pflegeverhältnis. «Das zeigt, wie wichtig auch eine professionelle Begleitung von Pflegefamilien ist, gerade während Krisen», stellt Zoey Stark rückblickend fest.

«Im Winter war es in meinem Zimmer eisig kalt. Die meiste Zeit habe ich unter der Bettdecke gelesen.»

Auch in den kommenden vier Jahren findet sie kein richtiges Zuhause. Zuerst wird über ein Welschjahr in der Romandie diskutiert, das die junge Frau aber nicht will, weil sie befürchtet, dass sie sich durch die Sprachbarriere erst recht isoliert fühlen würde. Ihre Tante handelt schliesslich und schlägt einen Aufenthalt im Teenagerhaus einer Freikirche vor. Zusammen mit teilweise straffälligen Jugendlichen führt Zoey dort zuerst ein familiäres Zusammensein, doch das Heim wird immer stärker professionalisiert. «Die Betreuerinnen und Betreuer haben die erlernten Methoden an uns ausprobiert. Die Stimmung war reserviert, weil die Distanz zwischen den Betreuern und uns Teenagern einmal mehr äusserst gross war.» Im Teenagerhaus der Freikirche absolviert Zoey eine Lehre als Kauffrau und erlebt ihren 20. Geburtstag. Danach muss sie austreten und alleine klarkommen, denn sie ist nun offiziell ein Careleaver. Wenn sie mit Fragen, die sie beschäftigen, im Teenagerhaus vorbeigeht, hat selten jemand Zeit für sie. Niemand ist mehr für sie zuständig.

«Ich dachte: Entweder gelingt mir die Flucht, oder ich sterbe halt. Mir war beides recht. Hauptsache, die Situation mit meinen Eltern nahm ein Ende.»

Nach der KV-Lehre arbeitet Zoey in der Landi. Jenes Geld, dass sie nicht für ein Zimmer im Haus einer älteren Frau oder für Essen aufwenden muss, legt sie für eine Reise zur Seite. Mit 23 Jahren startet sie ihr Abenteuer ins Unbekannte: Sechs Monate reist sie allein durch Indien, Sri Lanka, Thailand, Laos, Kambodscha und Vietnam. «Ich habe nie zuvor so viel fürs Leben gelernt. Ich musste mich abgrenzen, schützen, zuweilen waren die Männer sehr aufdringlich, ich kam in brenzlige Situationen. Ich erlebte aber auch unendlich viel Herzlichkeit, konnte Kraft und Selbstvertrauen schöpfen – und realisierte angesichts der Lage vor Ort immer wieder, wie privilegiert ich doch bin.» Doch die Vergangenheit hat ihre Spuren hinterlassen: Zoey Stark leidet unter einer komplexen posttraumatischen Belastungsstörung. Sie ist sehr verspannt und hat oft Kopfschmerzen. Mit ihrer Familie, die 2003 nach Spanien ausgewandert ist, hat sie keinen Kontakt mehr. 2009 kam es zwar vorübergehend zu einer kurzen Versöhnung mit der Mutter – «doch von einem Tag auf den anderen riss der Kontakt wieder ab, weil ich nicht ihren Vorstellungen entsprach und wieder mit Schweigen bestraft wurde». Noch immer plagen sie Albträume: «Ich träume regelmässig, dass ich wieder bei den Eltern leben muss.»

Mittlerweile hat Zoey Stark die Ausbildung zur Sozialbegleiterin mit eidgenössischem Fachausweis absolviert, arbeitet für eine Selbsthilfeorganisation und begleitet Gesprächsgruppen. «Ich habe immer wieder erlebt, dass die persönlichen Kompetenzen und der Glaube an die eigene Stärke viel zu wenig oder gar nicht gefördert wurden. Es ist mir wichtig, in meinen Gruppen genau dies zu tun: Selbsthilfe aufbauen.» Betroffene, die von der Allgemeinheit vielleicht nicht verstanden werden, erfahren in den Gruppen Verständnis und fühlen sich dadurch gestärkt. Noch immer läuft in der Begleitung von fremdplatzierten Kindern nicht alles so, wie es sich Zoey Stark wünscht. «Zu oft wird versucht, alle über einen Kamm zu scheren, statt auf die individuellen Bedürfnisse einzugehen.» Aber: «Heute spricht man statt von professioneller Distanz zum Glück eher von professioneller Nähe. Das ist immerhin etwas.»

HINTERGRUND

Erwachsen werden ohne Auffangnetz

Erreichen fremdplatzierte Jugendliche das Erwachsenenalter, verlassen sie das Betreuungssystem. In der Fachsprache werden sie Careleaver genannt. Obwohl die Volljährigkeit grosse Herausforderungen und Verpflichtungen mit sich bringt, die von den jungen Menschen ein überproportionales Mass an Selbständigkeit und Selbstverantwortung erfordern, ist die Vorbereitung auf diesen bedeutungsvollen Lebensabschnitt in vielen Fällen von der Selbstinitiative der Betreuungspersonen abhängig. Immer mehr ehemalige Fremdplatzierte und Careleaver organisieren sich – nicht zuletzt politisch –, um die Rahmenbedingungen dieser Übergangsphase festzulegen und beispielsweise die finanzielle Unterstützung bis zum Abschluss einer Erstausbildung zu garantieren.

Wären Sie mit 18 Jahren bereit gewesen, für Ihren Lebensunterhalt vollumfänglich aufzukommen? Und vielleicht sogar allein zu leben? Hätten Sie eine Steuererklärung ausfüllen können? Hätten Sie gewusst, wo Sie alle nötigen Unterlagen für einen Stipendienantrag finden und wo Sie ihn einreichen müssen? Bei vielen fremdplatzierten Jugendlichen stellen sich diese Fragen nicht – sie müssen es einfach können, viele von ihnen von einem Tag auf den anderen. Denn mit Erreichen der Volljährigkeit endet in der Regel der Unterstützungsanspruch durch die Kinder- und Jugendhilfe. Nach dem Wegfallen der professionellen Unterstützungssysteme stehen den Jugendlichen zwar die gängigen Sozialhilfe- und Ergänzungsleistungsangebote zur Verfügung, doch zum einen fehlen diesen Stellen die Kenntnisse über den Einzelfall, und zum anderen steht ein selbstbestimmtes Erwachsenwerden im Fokus. Wie internationale Studien zeigen, sind allerdings gerade Erwachsene, die mit Erreichen der Volljährigkeit aus Heimen oder Pflegefamilien entlassen werden, in erhöhtem Masse von Arbeitslosigkeit, sozialer Isolation oder gar Obdachlosigkeit betroffen. Angela Rein und Dorothee Schaffner haben ihre Erkenntnisse 2014 in der «Schweizerischen Zeitschrift für Soziale Arbeit» zusammengefasst.

Viele Kinder und Jugendliche, die bei den leiblichen Eltern aufwachsen, verfügen über ein breites soziales Netzwerk, das ihnen in dieser herausfordernden Zeit Halt gibt. Während der Ausbildung und teilweise noch einige Jahre darüber hinaus wohnen sie zuhause. An alltäglichen Ausgaben müssen sie sich je nach finanzieller Situation der Eltern nicht oder nur anteilsmässig beteiligen. Bei Fragen zu möglichen Stipendien, zur Steuererklärung, zu Sparmöglichkeiten oder bei Problemen am Ausbildungsort beziehungsweise in der Schule oder Universität können sie sich an Familienmitglieder oder Freunde wenden. Und wenn alle Stricke reissen, haben viele von ihnen die Möglichkeit, auch im Erwachsenenalter vorübergehend zurück zu den Eltern zu ziehen.

Leider verfügt ein grosser Anteil ehemaliger Fremdplatzierter nicht über ein solches Auffangnetz. Zwar gibt es durchaus Pflegeeltern und -familien, die sie bis zum Ausbildungsende unterstützen. Oder vielleicht verfügen die leiblichen Eltern über die nötigen finanziellen Mittel. Schliesslich sind sogenannte Careleaver keine homogene Gruppe, jede Biografie unterscheidet sich von der anderen. Doch allen gemein ist, dass eine gesetzliche Grundlage fehlt, die Fremdplatzierten über die Volljährigkeit hinaus Unterstützung garantiert. Mit anderen Worten: Für viele Betroffene beginnt das Erwachsensein mit dem 18. Geburtstag unvermittelt. Dies, obwohl die «Jugendphase» gesellschaftlich immer länger dauert. Careleaver werden in diesem Lebensabschnitt vor Entscheidungen gestellt, die überwältigend und überfordernd sein können. Auch die eigene Biografie oder Familiengeschichte kann in dieser Zeit wieder vermehrt in den Vordergrund rücken, wie die Erfahrungen von Thomas Woodtli zeigen. Seine leibliche Mutter wollte ihm die Steuererklärung nicht aushändigen, die er brauchte, um ein Stipendium zu beantragen.

Frühzeitige Aufklärung

Damit es gar nicht so weit kommt, dass Fremdplatzierte plötzlich in einer solchen bürokratischen oder rechtlichen Sackgasse landen, sollten betroffene Kinder und Jugendliche kontinuierlich durch ihre Betreuungspersonen, Pflegefamilien oder Behörden über die bevorstehenden Herausforderungen, über ihre Rechte und über ihre Pflichten aufgeklärt werden. Grundsätzlich ist dies auch in der Pflegekinderverordnung PAVO festgehalten: «Die Kindesschutzbehörde sorgt dafür, dass das Kind, das in einer Pflegefamilie oder in einem Heim betreut wird, über seine Rechte, insbesondere Verfahrensrechte, entsprechend seinem Alter aufgeklärt wird.»

Auch die Standards von Quality4Children, die eine hochqualitative Fremdunterbringung von Kindern in ausserfamiliärer Betreuung sichern wollen und auf der UN-Kinderrechtskonvention beruhen, umfassen Richtlinien zu Careleavern. So lautet es im «Standard 18: Nachbetreuung, kontinuierliche Unterstützung und Kontaktmöglichkeiten werden sichergestellt»: «Nachdem das Kind/der/die junge Erwachsene die ausserfamiliäre Betreuung verlassen hat, hat es/er/sie die Möglichkeit, Hilfe und Unterstützung zu bekommen. Die Betreuungseinrichtung/Pflegefamilie ist bestrebt sicherzustellen, dass es/er/sie den Austrittsprozess nicht als neuerliche schwere Beeinträchtigung erlebt. Wenn der/die junge Erwachsene volljährig ist, soll die Betreuungseinrichtung/Pflegefamilie weiterhin Unterstützung und Kontaktmöglichkeiten anbieten.»

Doch solche Richtlinien sind nicht verbindlich, und so ist die Begleitung der Careleaver weder auf nationaler noch auf kantonaler Ebene systematisch geregelt. Sie liegt somit in der Kompetenz der zuständigen Betreuungspersonen oder der betreffenden Institution – und ist entsprechend von deren Interpretationsspielraum abhängig. Wie breit dieser sein kann, zeigt die Erfahrung von Karin Werner. Die Professorin forscht an der Zürcher Hochschule für Angewandte Wissenschaften ZHAW, Departement Soziale Arbeit, und hat zusammen mit Renate Stohler von 2017 bis 2021 das Forschungsprojekt «Übergang in die Selbständigkeit: Pflegekinder wirken mit!» geleitet. Für dieses Projekt wurden Fachpersonen der Pflegekinderhilfe qualitativ befragt – unter anderem dazu, welchen Zeitpunkt die Fachpersonen als richtig erachten, um Jugendliche über die nahende Volljährigkeit aufzuklären. «Alle Befragten waren sich einig, dass die Jugendlichen möglichst früh über den Übergang ins Erwachsenenleben aufgeklärt werden müssen. Bei Nachfragen zeigte sich, dass früh je nach Fachperson zwischen mehreren Jahren und drei Monaten vor dem 18. Geburtstag bedeuten konnte. Der Durchschnitt lag bei einem Jahr.» Nicht selten ist der Spielraum der Betreuungspersonen durch Ressourcenknappheit eingeschränkt, dann stehen Fragen nach der Wohnsituation und unmittelbaren finanziellen Absicherung im Vordergrund, und es fehlt an Mitteln, die Jugendlichen etwa auf das selbständige Wohnen und administrative Arbeiten vorzubereiten oder mit ihnen über berufliche Weiterbildungsmöglichkeiten zu sprechen.

Die Aufklärung über den Übergang ins Erwachsenenleben ist also kein standardisierter Vorgang. Wie die Befragung der Projektgruppe um Karin Werner ergeben hat, ist das Bewusstsein in Bezug auf die Bedeutung der Vorbereitung bei den Betreuungspersonen allerdings gross. «Die Hälfte der Fachpersonen haben zwar kein schriftliches Konzept, wie sie Kinder auf die Selbständigkeit vorbereiten sollen, verfügen aber über Leitfäden, an denen sie sich orientieren können. Dabei kommt es natürlich stark darauf an, ob es sich beispielsweise um ein begleitetes Pflegeverhältnis handelt, etwa durch einen Dienstleistungsanbieter Familienpflege DAF, das eine gezielte Vorbereitung mit entsprechender Vorgehensweise vorsieht. Alltagskompetenzen werden zudem oft in der Pflegefamilie vermittelt.» Die befragten Fachpersonen weisen weiter darauf hin, dass es nicht möglich ist, Jugendliche auf alles vorzubereiten. Umso wichtiger ist es, für Careleaver niederschwellige Unterstützungsangebote zur Verfügung zu stellen, an die sie sich bei auftauchenden Fragen und Schwierigkeiten nach dem Auszug wenden können. Dies war insbesondere auch ein Wunsch der befragten ehemaligen Pflegekinder in der Studie.

Mangelnde gesetzliche Grundlagen

Einige wenige Kantone haben mittlerweile gesetzliche Grundlagen geschaffen, die es jungen Erwachsenen auch nach Erreichen der Volljährigkeit ermöglichen, Jugendhilfeleistungen zu beziehen, so etwa Bern, Basel-Stadt und Basel-Landschaft. Andere Kantone überarbeiten derzeit entsprechende gesetzliche Grundlagen. Engagements auf kantonaler Ebene sollten ermutigt werden, denn sie können zu hilfreichen Massnahmen führen. Zwar keine Gesetzesänderung, aber eine umfangreiche Handlungsanleitung hat das Amt für soziale Sicherheit des Kantons Solothurn aufgrund eines Regierungsratsbeschlusses im Frühjahr 2018 erarbeitet. Diese enthält Informationen, Formulare und Kontakte zu Lebensbereichen wie Wohnen, Finanzen oder Ausbildung – sowohl für fremdplatzierte Kinder als auch für Pflegefamilien und andere Betreuungspersonen –, und steht Interessierten über die Kantonsgrenze zur Verfügung.

Auf nationale Politebene hat unter anderem 2020 eine parlamentarische Anfrage von Christoph Eymann (FDP) das Thema Careleaver gehievt. Darin fragt der Basler Nationalrat, ob die «Ziele privater Careleaver-Organisationen vom Bund unterstützt werden» könnten. Aufgrund der mangelnden staatlichen Unterstützung entstanden in den vergangenen Jahren einige private Organisationen, die Careleavern mit Beratungs- und Mentoringangeboten zur Seite stehen. 2019 wurde etwa das Kompetenzzentrum Leaving Care gegründet, das vorhandenes Wissen und Erfahrungen bündelt und Bestrebungen und Initiativen für Careleaver in der ganzen Schweiz unterstützt. Es ergänzt die Angebote, die in den letzten Jahren aus Forschungen hervorgegangen sind, wie etwa Take off, ein Mentoringangebot («Übergang in die Selbständigkeit: Pflegekinder wirken mit!»), oder Angebote aus dem Projekt «Care Leaver erforschen Leaving Care» (2017–2020) der Hochschule für Soziale Arbeit FHNW.

Dass es schwierig sein wird, die Situation der Careleaver national zu regeln, macht die Bundesratsantwort auf die Eymann-Anfrage deutlich: «Angesichts der föderalen Aufgabenteilung ist der Bundesrat der Auffassung, dass Massnahmen zugunsten von Careleavern in erster Linie auf kantonaler und kommunaler Ebene zu entwickeln und koordinieren sind.» Wie solche Entwicklungen aussehen könnten, zeigt unter anderem das Kompetenzzentrum Leaving Care in seinem «Argumentarium für die Thematik Leaving Care» auf. Die formulierten «Entwicklungsfelder» reichen von der ausgebauten Jugendhilfe über gesetzliche Grundlagen bis zur Informationssicherung.

Dabei ist es wichtig, zu beachten, dass Careleaver eben keine homogene Gruppe sind; sie sind so unterschiedlich, so wie alle anderen jungen Menschen auch. «Es gibt Jugendliche, die es kaum erwarten können, mit 18 Jahren endlich unabhängig von der Kinder- und Jugendhilfe zu sein. Andere wären froh, sie hätten noch länger eine geregelte Unterstützung, um beispielsweise die berufliche Ausbildung abzuschliessen. Diesem heterogenen Bedürfnis würde die Möglichkeit, den Pflegevertrag bei Bedarf und auf Wunsch des Pflegekindes bis zum Ende der Erstausbildung oder bis 25 Jahre zu verlängern, Rechnung tragen», so Karin Werner.

Nachhaltige Entwicklung

Ausbildung gut, alles gut? Fünfeinhalb Jahre nach Lehrabschluss arbeiten 52 Prozent aller Lehrabgängerinnen und -abgänger in der Schweiz in einem anderen Beruf, wie eine Auswertung des Bundesamts für Statistik aus dem Jahr 2020 zeigt. Der Schritt ins Erwachsenenleben ist somit ausgedehnter, nicht zuletzt dank Weiterbildungen, Umschulungen, Passerellen: Das Bildungssystem ist fluide geworden und ermöglicht es, sich stetig weiterzuentwickeln – und weiter bedeutet oft nach oben, die Karriereleiter hinauf. Auffallend ist, dass unter Careleavern gemäss internationalen Studien ein höherer Abschluss seltener ist, so haben in Deutschland noch 2015 rund ein Viertel der Fremdplatzierten eine Sonderschule besucht. Immer wieder fällt in Zusammenhang mit Fremdplatzierten der Begriff Bildungsverlierer, etwa wenn Jens Pothmann vom Deutschen Jugendinstitut über Bildungsverlierer spricht. In der Schweiz liegen keine konkreten Zahlen zu den Bildungsabschlüssen von Careleavern vor, da es keine systematische Datenerhebung bei Fremdplatzierten gibt. Für Karin Werner gibt es aus den Forschungsergebnissen Hinweise, dass sich die Realisierung von beruflichen Weiterbildungsplänen für Careleaver besonders anspruchsvoll gestaltet: «Wer interessiert sich für die persönliche und berufliche Weiterentwicklung? Wer unterstützt Careleaver bei Fragen zu Aus- oder Weiterbildungen? Und wohin können sie sich wenden, wenn sie eine Weiterbildung oder ein Studium anstreben, das Kosten mit sich bringt?»

Leaving Care ist kein zeitlich klar abzugrenzender Übergang. Das Erwachsenwerden und die Aneignung entsprechender Kompetenzen sind ein langwieriger Prozess, der in der Kindheit seinen Anfang nimmt und weit über den Abschluss der Erstausbildung hinausreicht. Sowohl auf rechtlicher Ebene als auch bei der Sicherstellung der institutionellen Ressourcen sollten im Sinne der Fremdplatzierten die Weichen auf eine nachhaltige Betreuung gestellt werden.

«Leider ist eine Familiensituation meist schon eskaliert, wenn Hilfe gerufen wird»

Thomas Woodtli

«Eigene Kinder sind kein Thema. Wenn ich eines Tages welche möchte, dann würde ich ein Pflegekind aufnehmen. Ich finde es eine schöne Entscheidung und würde mich für diese Aufgabe auch gewappnet fühlen. Und das Kind wüsste immer, dass ich mich ganz bewusst für es entschieden habe.» Thomas Woodtli, der ausgebildete Zollfachmann, arbeitete bis März 2022 Teilzeit beim Jugendhilfe-Netzwerk Integration in Eggiwil, wo er Pflegekinder bei ihrer Biografiearbeit unterstützte. «Ich habe keine entsprechende Ausbildung, weiss aber als ehemaliges Pflegekind genau, in welcher Situation sich die Buben und Mädchen befinden.» Gerade auch, wenn sie vor der Berufswahl stehen – und vor der Volljährigkeit. Ein prägender Lebensabschnitt, der nach überstandenen Hürden neue Herausforderungen an die Kinder stellt. «Ich geriet in diesem Alter immer wieder zwischen Stuhl und Bank», sagt Thomas Woodtli. «Im Gegensatz zu anderen Jugendlichen musste ich mich ab dem 18. Lebensjahr um alles alleine kümmern.» Die Selbständigkeit wird von Pflegekindern sehr früh gefordert. «Das ist vor allem für jene besonders schwierig, die psychisch angeschlagen sind.» Während die Kolleginnen und Kollegen sich mit ihren Sportvereinen und Computerspielen auseinandersetzen, schlagen sich Pflegekinder oft von einem Tag auf den anderen mit Steuererklärungen, Stipendienformularen oder Geldsorgen herum – alles Dinge, die schon ohne Fremdplatzierungserfahrung belastend sein können.

Mit Eintritt ins Erwachsenenalter entfällt je nach Kanton die finanzielle Unterstützung komplett – und je nach wirtschaftlicher Situation kann eine Pflegefamilie ihrem Pflegekind finanziell nicht mehr unter die Arme greifen. «Meine Freunde, die bei ihren leiblichen Eltern aufwuchsen, hatten ein Auffangnetz. Sie wussten, dass ihre Eltern helfen könnten, falls beruflich etwas schiefläuft. Sie hatten ein Zuhause, in das sie notfalls zurückkehren konnten. Dieses Auffangnetz fehlt vielen Pflegekindern. Auch ich realisierte in diesem Alter, dass ich weniger behütet war als andere.»

Dabei hat es Thomas Woodtli gut getroffen. Er konnte bei seiner Pflegemutter während der Ausbildung weiterleben und wurde von ihr tatkräftig unterstützt. Sie hatte einst die kleine Wohngruppe eines Kinder- und Jugendheims im Kanton Zürich geleitet, in dem Thomas von 1991 bis 1996 die ersten fünf Jahre seiner Fremdplatzierung verbracht hatte. Als dieses aus Spargründen aufgelöst wurde, kam das Kind für weitere drei Jahre in eine Pflegefamilie – bis sich die Eltern scheiden liessen. Thomas wurde daraufhin verschiedenen potenziellen Pflegefamilien vorgestellt, doch dieses «Herumreichen» gefiel dem Jungen gar nicht: «Da sass ich jeweils am Küchentisch, um mich herum weitere Pflegekinder, es war wie bei einem Hearing!» Schliesslich war er es, der die Initiative ergriff und die Behörden fragte, ob er nicht bei der ehemaligen Heimleiterin leben dürfe. Diese sagte zu – und wurde damit als alleinerziehende Pflegemutter zu einer Schweizer Pionierin. «Ich erhielt schliesslich das ruhige Zuhause, das ich brauchte. Ich wäre nicht glücklich geworden in einer kinderreichen Familie oder in einem grossen Wohnheim.»

Thomas Woodtli kam 1987 als Einzelkind zur Welt. Die Mutter wanderte von Portugal über Paris in die Schweiz ein und hatte Mühe, hier Anschluss zu finden. Der soziale und ökonomische Druck setzte der jungen Familie zu, sie zerbrach, die Mutter trank viel Alkohol und schlug in ihrer Verzweiflung das kleine Kind. «Ich erinnere mich genau an den Tag, als ich als Dreijähriger von zuhause abgeholt wurde. Zusammen mit einem Plüschtier sass ich auf der Rückbank eines Polizeifahrzeugs und wurde ins Kinderspital Zürich gefahren, wo Hämatome am Körper diagnostiziert wurden.» Thomas Woodtli empfindet Dankbarkeit gegenüber jener Person, die damals die Behörden alarmiert hat. «Leider ist eine Familiensituation meist schon eskaliert, wenn Hilfe gerufen wird.» Zu seiner Mutter hat er heute sporadisch Kontakt, ein Mutter-Kind-Gefühl stellt sich nicht ein: «Sie ist für mich eher eine entfernte Bekannte.» Auch seine Pflegemutter sehe er nicht als Muttterersatz, sondern als «enge Freundin».

Nach der Matura begann Thomas Woodtli ein Geografiestudium – und wurde von seiner Familiengeschichte eingeholt. «Um ein Stipendium zu erhalten, musste ich zwingend die Steuererklärung meiner leiblichen Mutter einreichen. Da sie an Paranoia litt, wollte sie diese natürlich nicht aushändigen, was zu einer Verzögerung führte. Mein Vater besitzt kein Sorgerecht und konnte auch nicht weiterhelfen.» Jedes Pflegekind bringt seine eigene Geschichte und Regelung mit, und somit ergeben sich bei Stipendien- oder Sozialhilfebezügen auch individuelle Probleme, denen die Verwaltungen nur bedingt entgegenkommen. «Es war jeweils ein Gefühl der Ohnmacht, wenn Mitarbeiter von Ämtern, die eigentlich professionell auf diesem Gebiet arbeiten sollten, nicht einmal wussten, was ein Pflegekind genau ist», resümiert Thomas Woodtli. Schliesslich hatte er genug vom Kampf um Stipendien und von der finanziellen Abhängigkeit, die ein Studentenleben mit sich bringt. Thomas Woodtli brach das Geografiestudium ab und startete stattdessen eine Ausbildung zum Zollfachmann. Zehn Jahre arbeitete er nach seinem Abschluss beim Zoll, danach wechselte er in die Exportberatung international tätiger Unternehmen.

«Ich erhielt schliesslich das ruhige Zuhause, das ich brauchte. Ich wäre nicht glücklich geworden in einer kinderreichen Familie oder in einem grossen Wohnheim.»

«Ich habe Glück gehabt und bin behütet aufgewachsen. Meine Pflegemutter war eine Fachperson und wusste, wie wichtig es ist, dass man zuhause über Gefühle spricht. Ich habe meine Vergangenheit gut aufgearbeitet», sagt er. Im Unterschied zu anderen nehme er als ehemaliges Pflegekind die Kontaktpflege ernst, denn er wisse, wie schnell das soziale Netz reissen könne. Und er beobachtet gerne als Gast Familien, die objektiv als intakt gelten: «Es ist erstaunlich, wie viel Ballast die Leute mit sich herumtragen und wie viele Themen Familien einfach unter den Teppich kehren. Dort gärt es weiter, und irgendwann machen sich die Menschen gegenseitig Vorwürfe. Auch wenn manches nicht funktioniert, versuchen die meisten Familien, nach aussen das Bild des perfekten Zusammenlebens zu tragen. In solchen Momenten denke ich: Boah, zum Glück habe ich das nicht so erlebt!»

Für zukünftige Pflegekinder wünscht sich Thomas Woodtli, dass die Partizipation der Kinder im Fremdplatzierungsprozess gefördert wird. «Ich musste als Kind meine Mutter jedes Wochenende besuchen. Manchmal war sie aufbrausend, aggressiv, ich lernte, damit umzugehen. Aber mich hat nie jemand gefragt, ob ich sie überhaupt sehen möchte.» Des Weiteren hofft er, dass sich etwas am System der Familienpflege ändert. «Das Stichwort lautet Leaving Care. Es gibt bereits Kantone, welche die Pflegekinder und -familien bis zum Abschluss der Erstausbildung finanziell unterstützen. Dies sollte flächendeckend geschehen.» Nur so würde garantiert, dass die Kinder ihren Weg gehen könnten und im Gegensatz zu anderen nicht Kompromisse bei der Berufswahl eingehen müssten. Dies würde ein Auffangnetz garantieren – und entsprechend das Sicherheitsgefühl stärken. Damit künftige Pflegekinder beim Eintritt ins Erwachsenenalter nicht mehr zwischen Stuhl und Bank fallen. Sondern schnellstmöglich darauf Platz nehmen dürfen.

«Es war jeweils ein Gefühl der Ohnmacht, wenn Mitarbeiter von Ämtern, die eigentlich professionell auf diesem Gebiet arbeiten sollten, nicht einmal wussten, was ein Pflegekind genau ist.»

«Es hat mir viel Disziplin abverlangt, so lange zu schweigen»

Sergio Devecchi

62 Jahre hat es gedauert, bis er es laut aussprechen konnte: «Ich war ein Heimbub.» Sergio Devecchi hat sich ein Leben lang für seine Heimvergangenheit geschämt. «Die Scham sass tief in mir drin. Scham darüber, dass ich nie eine Familie hatte, dass ich meinen Vater nicht kenne.» Sergio Devecchi hat zwar nachgeforscht, seine Mutter konfrontiert, Fragen gestellt. Bis heute ist aber nicht ganz klar, unter welchen Umständen er 1947 als zehn Tage altes Baby ins evangelische Kinder- und Jugendheim «Gott hilft» im Tessiner Dorf Pura gegeben wurde. Sergio war ein «Kind der Schande», die Mutter unverheiratet, knapp zwanzig Jahre alt. Weil offene Fragen zu dieser fürsorgerischen Zwangsmassnahme blieben, gingen auch Sergios Schuldgefühle nie ganz weg. «Ich dachte immer, mit mir müsse etwas nicht in Ordnung sein, sonst hätte man mich ja nicht weggegeben.» Als Erwachsener verdrängte er seine Herkunft, die Strenge, den Missbrauch und die Kälte in den Heimen im Tessin und in Graubünden. Das half ihm zu überleben. «Ich habe rationalisiert und mir gesagt, dass auch andere eine schwierige Kindheit erlebt haben, auch wenn sie nicht fremdplatziert wurden. Dass nicht alles Gold ist, was glänzt. Auch als Heimleiter sind mir einige Jugendliche mit belasteten Biografien begegnet. So wusste ich immer: Ich bin nicht der Einzige. Das gab mir in gewisser Weise Rückhalt.»

Der Sozialpädagoge leitete von 1987 bis 2009 das Jugendheim Schenkung Dapples in Zürich. Ausserdem war er von 2004 bis 2009 Präsident von Integras, dem Schweizerischen Fachverband für Sozial- und Sonderpädagogik. Erst bei seiner Pensionierung im Jahr 2009 machte Sergio Devecchi seine Kindheitsgeschichte öffentlich – nur seine Frau und die beiden Söhne wussten bis dahin, dass er selbst fremdplatziert worden war. «Auch den engsten Freunden konnte ich mich nicht öffnen. Es hat mir wahnsinnig viel Disziplin abverlangt, so lange zu schweigen.» Während der dreissig Jahre seiner beruflichen Karriere sei er immer wieder in Versuchung geraten, von seiner Kindheit zu erzählen, im falschen Moment anbiedernd zu sagen: «Ich bin auch ein Heimkind, wie du.» Zum Beispiel damals, als Sergio Devecchi im Jugendheim, das er leitete, während der Mittagspause im Theatersaal Klavier spielte und ein jugendlicher Heimbewohner dazukam. «Er sagte zu mir, wie privilegiert ich doch sei, dass ich Klavierspielen gelernt hätte. Ich käme halt aus einem anderen Milieu als er, der hier in diesem Heim hocken müsse.» Solche Situationen habe es oft gegeben. Heimkinder entwickelten feinste Antennen und erkennten schnell, wo jemand gefühlsmässig stehe. «Da musste ich oft aufpassen. Denn es wäre nicht richtig gewesen, mich in diesen Momenten zu öffnen. Es wäre pädagogisch falsch gewesen und hätte sich für mich nicht mit meiner Rolle als Heimleiter vertragen. Es hilft einem Betroffenen nicht, wenn man ihm sagt, man habe dasselbe erlebt oder noch Schlimmeres.»

«Man kann seine eigene Geschichte nur verarbeiten, wenn man genug darüber weiss. Kann nur gesunden, wenn man weiss, woher man kommt.»

Also schwieg er. Jahrzehntelang. Dass er im Zuge seiner Pensionierung die Geschichte öffentlich machen würde, war nicht von langer Hand geplant. «Ich organisierte zum Abschied eine Fachtagung mit dem Titel ‹60 Jahre Heimerziehung – ein Blick zurück in die Zukunft und ein Abschied›. Als ich die Zahl 60 in den Titel schrieb, wurde mir erst bewusst, dass ich etwas mitteilen wollte.» In die 60 Jahre waren unbewusst auch die 17 Jahre als Heimkind miteingerechnet. «Ich spürte, dass nun der richtige Zeitpunkt gekommen war, weil ich nicht mehr befürchten musste, dass die Geschichte auf mich zurückfallen würde. Ich hatte nun Distanz zum beruflichen ‹Kuchen›, Distanz zur Heimerziehung.» In die Moderation der Fachtagung, zu der verschiedene Referierende eingeladen waren, flocht Sergio Devecchi seine Geschichte bruchstückhaft ein. Das Outing sollte nicht das zentrale Thema sein. «Aber die Leute realisierten es dennoch sofort.» Die Nachricht verbreitete sich wie ein Lauffeuer im Jugendheim Schenkung Dapples. Viele Jugendliche kamen anschliessend auf Sergio Devecchi zu und sagten, er sei ja einer von ihnen, er gehörte jetzt zu ihnen. «Das tat mir gut und wirkte befreiend. Einige ehemalige Heimkinder erzählten mir, dass sie nun viele meiner Entscheidungen besser verstünden. Denn natürlich prägte meine Heimbiografie mein Handeln als Heimleiter.» Aus seinen Erfahrungen hat Sergio Devecchi Wissen geschöpft, das ihm keine Ausbildung hätte geben können. «So handelte ich nicht immer nach Vorschrift, dafür oft nach meinem Instinkt.»

Zum Beispiel, wenn ein Jugendlicher ausriss. «Da musste man eigentlich sofort die Fahndung auslösen. Das tat ich oft verspätet und wurde dafür vom Jugendamt, von der Jugendanwaltschaft, von Vormundspersonen und Eltern immer wieder kritisiert. Ich dachte mir aber, die Welt hält einen kurzzeitig herumstreunenden Jugendlichen aus.» Mit Überbehütung und Härte erreiche man meist das Gegenteil des Gewünschten. Und in den allermeisten Fällen seien die Jugendlichen von allein wieder zurückgekommen. Etwas Gravierendes sei nie passiert. «Ich habe auch sehr wenig Strafen ausgesprochen, weil ich selbst als Heimbub so unter Strafen und Strenge gelitten habe. Vielmehr versuchte ich den Jugendlichen die Konsequenzen ihres Handelns aufzuzeigen. Man muss sie in ihrem Wirken ernst nehmen und sie ihre eigenen Erfahrungen machen lassen.»

Als Sergio Devecchi, kaum erwachsen, von einem Tag auf den anderen aus dem Heim entlassen wurde, fiel er in ein tiefes Loch. Aus einem Grosskollektiv in ein kleines Zimmer im Tessin zu ziehen, plötzlich völlig auf sich allein gestellt zu sein, überforderte den jungen Mann komplett. Er kam mit dem Alltag nicht zurecht, vereinsamte und verwahrloste zusehends. Schliesslich fand er in einem christlichen Verein für junge Männer Halt, und ein Sozialarbeiterpraktikant half ihm, den Alltag in den Griff zu bekommen. Nach und nach rappelte sich Sergio auf. Das durch die erneute Entwurzelung entstandene Heimweh hat ihn aber nie wieder losgelassen. «Als Heimleiter habe ich deshalb stets versucht, den Übergang ins Erwachsenenleben zu begleiten und die Jugendlichen bestmöglich auf ein Leben nach dem Heim vorzubereiten. Viele wollten wieder zurückkommen, weil sie die Einsamkeit fast nicht ausgehalten haben.» Immer noch werde zu wenig unternommen, um Heimkinder auf dem Weg ins Erwachsenenleben zu unterstützen. Man investiere viel Geld in den Heimaufenthalt, kümmere sich aber kaum darum, was danach geschehe. «Viele stürzen ab», sagt Sergio Devecchi.

Auch mit ihrer Herkunftsgeschichte sind Heimkinder lange alleingelassen worden. Biografiearbeit ist noch nicht überall gang und gäbe. «Ich habe immer sehr unter meiner Vaterlosigkeit gelitten, kenne bis heute nicht mal den Namen meines Vaters. Habe ich als Kind nach ihm gefragt, nahmen mich weder meine Mutter noch die Heimleitung oder die Behörden ernst. Niemand sprach mit mir oder half mir, etwas herauszufinden.» Als Sozialpädagoge und Heimleiter sei es ihm deshalb sehr bewusst gewesen, wie schwierig es sei, ohne Vater aufzuwachsen. «Viele Jugendliche, die ich betreute, waren adoptiert, unehelich geboren, Scheidungskinder, vom Vater einfach verlassen, oder er war gar nie da.» Deshalb hat Sergio Devecchi früh mit «seinen» Heimkindern Biografiearbeit gemacht und mit ihnen zusammen versucht, ihre Fragen zu beantworten. Denn er hat am eigenen Leib erfahren: «Man kann seine eigene Geschichte nur verarbeiten, wenn man genug darüber weiss. Kann nur gesunden, wenn man weiss, woher man kommt.»

Wäre die Datenlage besser gewesen und hätte er mehr über die Hintergründe seiner eigenen Platzierung gewusst, wäre es ihm vermutlich leichter gefallen, als Erwachsener zu seiner Herkunft zu stehen, ist Sergio Devecchi überzeugt. «Meine Akten wurden zerstört. Was hätte ich da erzählen sollen? Ich habe auch lange keine Recherchen angestellt, um etwas herauszufinden. Stattdessen habe ich die Vergangenheit tief in mir drin begraben.»

Sergio Devecchi schwieg auch aus Angst vor der Reaktion seiner Berufskolleginnen und -kollegen. Mit der Fachtagung und später mit der Veröffentlichung seiner Autobiografie «Heimweh» wollte er aber in der Heimleiterszene eine Auseinandersetzung provozieren. Stattdessen zogen sich ehemalige Berufskollegen zurück. «Auch weil ich begonnen hatte, mich öffentlich für die Aufarbeitung der Geschichte der fürsorgerischen Zwangsmassnahmen zu engagieren, spürte ich plötzlich einen gewissen Druck, mich für eine Seite entscheiden zu müssen.» Betroffener oder Fachperson – beides scheint nicht akzeptiert zu sein. «Einige ehemalige Heimleiterkollegen, die für die damalige schwarze Pädagogik mitverantwortlich waren, die ich nun mit ans Licht zerrte, schienen sich von mir angegriffen zu fühlen.» Sergio Devecchi, ein Nestbeschmutzer?

Jedenfalls herrschte in manchen Fachkreisen der Heimerziehung Schweigen, als «Heimweh» erschien. Er habe auf sein Buch praktisch keine Rückmeldungen ehemaliger Berufskollegen bekommen, sagt Sergio Devecchi. Auch nicht von jenen, mit denen er über zwanzig Jahre eng zusammengearbeitet hatte. «Ich hätte mir eine ehrliche Auseinandersetzung auf Augenhöhe gewünscht, einen konstruktiven Austausch sehr begrüsst. Doch beides blieb aus. Wollen sie ihr eigenes Tun vielleicht nicht reflektieren, vergessen, oder sind sie geschichtsblind? Ich kann über Motive nur spekulieren.» Diese Nichtreaktion seiner Berufskollegen rief bei Sergio Devecchi eine Retraumatisierung seiner Zeit im Heim hervor. Auch als Kind konnte er über die Gründe seiner Fremdplatzierung nur spekulieren. Auch damals hat niemand mit ihm gesprochen. «Ich wurde in dem Moment, in dem ich mich geoutet hatte, wieder zum Heimbub.» Mit Abweisung und diesem breiten Schweigen habe er nicht gerechnet und es schmerze ihn immer noch. «Mit offener Kritik an mir, meinem Buch oder an meinem Engagement hätte ich viel besser umgehen können.»

«Ich wurde in dem Moment, in dem ich mich geoutet hatte, wieder zum Heimbub.»

Zu schweigen, wenn Kritik aufkomme, habe in der Heimleiterszene in gewisser Weise System. In seinem Buch «Pädagogik, Heime, Macht – eine historische Analyse» erforscht der Wirtschaftshistoriker Wolfgang Hafner die Entwicklung der Schweizerischen Heimerziehung von 1923 bis 1980. Darin beschreibt er die Struktur der damaligen Heime als Machtstruktur, die

Heimleiter als Könige ihrer kleinen Reiche. Als das Buch erschien, das Sergio Devecchi 2015 als Präsident von Integras mitinitiiert hatte, seien der Publikation viele Heimleiter kritisch gegenübergestanden. «Deshalb organisierte ich eine Lesung mit dem Autor, um eine offene Auseinandersetzung zu ermöglichen. Viele Heimleiter und Fachpersonen nahmen an dieser Veranstaltung teil – aber kaum jemand äusserte offen Kritik.»

Die Geschichte der Heimerziehung ist lang und dunkel, auch in der Ausbildung war sie zu lange kein Thema. Mittlerweile habe sich vieles zum Guten verändert, sagt Sergio Devecchi. Die Strukturen in den Heimen seien weniger hierarchisch organisiert. Ausserdem wache nun die öffentliche Hand, die einen Grossteil der Institutionen subventioniert, über die Heime. «Die Stellenpläne sind geklärt, die Mindestquadratmeter der Zimmer festgelegt, es ist klar, wie die Erziehungsplanung, die Bildung, wie ein Heimkonzept auszusehen hat.» All diese Neuerungen in der Heimerziehung seien aber nicht aus innerem Antrieb in Gang gesetzt worden, sondern durch das Engagement und die öffentliche Kritik von aussen. Den ersten Anstoss für Neuerungen und für eine Aufarbeitung der Geschichte der fürsorgerischen Zwangsmassnahmen gab die Heimkampagne in den Sechzigerjahren. Sergio Devecchi erlebte sie während seiner Ausbildung zum Sozialpädagogen mit.

«Wenn die Kleinstruktur Familie versagt, muss der Staat seine schützende Hand über die Kinder halten. Das ist meine tiefe Überzeugung.»

«Wenn die Kleinstruktur Familie versagt, muss der Staat seine schützende Hand über die Kinder halten. Das ist meine tiefe Überzeugung.» Bei Sergio Devecchi versagte dieser Staat. Er wurde zwanzig Jahre lang alleingelassen. Heute wäre seine Geschichte so in der Schweiz nicht mehr möglich. «Ja, ich war ein Heimbub», sagt Sergio Devecchi. «Und ich bin es noch.»

Nachwort der Autorinnen

Wie muss es sich anfühlen, als Kind von einem Tag auf den andern das Zuhause verlassen zu müssen? Was macht es mit einem jungen Menschen, wenn das elterliche Daheim kein Ort der Sicherheit, der Zuflucht und der Liebe ist? Wenn in Folge des Platzierungsprozesses etwas mit einem passiert, worauf man selbst keinen oder nur wenig Einfluss hat? Weil man von den Behörden nicht miteinbezogen wird? Wir wissen nicht, wie sich das anfühlt.

Im Zuge der Recherchen für dieses Buch und während der Gespräche mit ehemaligen fremdplatzierten Kindern bekamen wir eine Ahnung, wie traumatisierend eine solche Erfahrung sein muss, und begannen, zu verstehen, dass diese ein Leben lang nachwirkt. «Den Schmerz kann man nicht ausradieren. Aber man kann lernen, mit ihm zu leben», bringt es Ruth Staub auf den Punkt.

Sie und alle anderen Porträtierten beeindrucken uns durch ihre Stärke, ihre Widerstandsfähigkeit, ihre Offenheit – und durch ihre Bereitschaft, ihre Erfahrungen mit diesem Buch öffentlich zu machen.

Was uns aber schockiert hat, ist, dass Fremdplatzierung noch auf einer anderen Ebene lebenslang nachwirken kann. Als Stigmatisierung. Als Schuldzuweisung. Kann das Kind schuld daran sein, dass es fremdplatziert wird? Natürlich nicht. Doch die Bürokratie der Schweizer Sozialbehörden signalisiert ehemaligen Fremdplatzierten immer wieder das Gegenteil. Dazu ein paar Beispiele aus der Realität.

Da ist ein kleines Mädchen. V.B. wird im Alter von vier Jahren wegen akuter Kindeswohlgefährdung notfallmässig fremdplatziert. Sie kommt daraufhin in eine gute Pflegefamilie, wächst zu einer jungen Frau heran. Sie absolviert eine Ausbildung, findet einen Job und sorgt bald selbst für ihren Unterhalt. Eines Tages bekommt die mittlerweile 25-Jährige einen Brief von der Sozialbehörde ihres ehemaligen Wohnorts.

Darin wird ihr mitgeteilt, dass sie für die Kosten, die der Gemeinde für ihre Fremdplatzierung vom Kanton nicht rückerstattet wurden, nun lebenslänglich haftbar sei und unter bestimmten Voraussetzungen rückzahlungspflichtig werde. Originalzitat aus dem Schreiben vom Oktober 2021: «V.B. wird darauf hingewiesen, dass die bezogene wirtschaftliche Sozialhilfe zurückzuerstatten ist, wenn sie aus Erbschaft, Lotteriegewinn oder anderen nicht auf eigene Arbeitsleistung zurückzuführenden Gründen in finanziell günstigere Verhältnisse gelangt. Freiwillige Rückzahlungen sind jederzeit möglich.»

Rückwirkend wird V.B. von der Sozialbehörde ihrer ehemaligen Wohngemeinde in die Verantwortung genommen, weil der Kanton einen Teil der Kosten für ihre Platzierung nicht bezahlt hat. Die Sozialbehörde fordert den Betrag in der Höhe von über einer halben Million Franken nicht vom betreffenden Kanton und auch nicht von den leiblichen Eltern, sondern von V.B., die als Kleinkind aus prekären Verhältnissen heraus fremdplatziert wurde. Der geforderte Betrag entspricht rund 15 ihrer Jahreslöhne. Ist sie schuld?

Da ist ein junger Mann, nennen wir ihn Max. Er hat eine bewegte Kindheit hinter sich, auch er wuchs bei Pflegeeltern auf. Der Übertritt in die Erwachsenenwelt gestaltet sich für ihn schwierig, auf seine leiblichen Eltern kann Max nicht zählen. Ein Beistand hilft ihm im Alltag und bei finanziellen Angelegenheiten. Das Konto, auf das die dringend benötigte Sozialhilfe überwiesen wird, läuft über dessen Namen. Als der Beistand wechselt, wird die Sozialhilfe dennoch weiter auf das Konto einbezahlt. Allerdings haben weder Max noch der neue Beistand Zugang darauf. Also möchte der neue Beistand ein Konto auf Max' Namen eröffnen und veranlassen, dass die Sozialhilfe zukünftig dorthin überwiesen wird. Doch das ist nicht so einfach. Ein Hin und Her zwischen Bank A, Bank B, Beistand und Sozialbehörde beginnt. Letztere braucht die neue Kontonummer, doch um das neue Konto zu eröffnen, muss die Rechnungsabteilung des Sozialdienstes erst mal das alte auflösen. Das Geld darauf muss aber erst auf das neue Konto überwiesen werden. Die bürokratische Ratte beisst sich in den Schwanz. In der Zwischenzeit wartet Max auf sein Geld. Wochenlang. Ist Max schuld?

Oder da ist Thomas Woodtli, der, um Stipendien für sein Studium beantragen zu können, die Steuererklärung seiner leiblichen Mutter einreichen musste – doch diese leidet an einer psychischen Erkrankung und wollte sie ihm nicht aushändigen. Dem ehemaligen fremdplatzierten Kind waren die Hände gebunden, er musste sich bei den Fachstellen immer wieder erklären, die Ämter stellten sich quer. Ist Thomas schuld?

Diese Geschichten sind keine Einzelfälle. Immer wieder müssen ehemalige fremdplatzierte Kinder – sogenannte Careleaver – im Erwachsenenalter bürokratische Hürden überwinden. Müssen sich erklären. Werden zu Bittstellerinnen und Bittstellern bei Ämtern und Behörden. Damit dürfen sie nicht alleingelassen werden, weder gesellschaftlich noch politisch. So hat V.B., unterstützt von ihrer Pflegefamilie und ihrem ehemaligen Platzierungsverantwortlichen, einen Rekurs gegen den umstrittenen Beschluss eingereicht, woraufhin sich die Forderung im Beschluss als Irrtum erwies (mehr dazu im Anhang).

Fremdplatzierte Kinder brauchen eine Stimme, sie müssen gehört werden. Der 2020 gegründete Verein Careleaver Schweiz setzt sich genau dafür ein: Betroffene schliessen sich zusammen, verbünden sich mit Politikerinnen und Politikern und reichen gemeinsam mit ihnen auf kantonaler und Bundesebene Vorstösse ein. Damit bekommen die ehemaligen fremdplatzierten Kinder ein Gewicht in der öffentlichen Diskussion. Sie können der Ohnmacht entfliehen und die Situation für aktuelle und künftige fremdplatzierte Kinder verbessern. Wir hoffen, mit diesem Buch ebenfalls einen Beitrag in diese Richtung zu leisten.

Wir danken der Atelier ASPOS AG, die dieses Buch initiiert und herausgegeben hat, für ihr unermüdliches Engagement und die stets konstruktive und sehr angenehme Zusammenarbeit. Wir bedanken uns auch bei den acht Porträtierten ganz herzlich für ihre Offenheit, ihren Mut und das Vertrauen, das sie uns entgegengebracht haben!

Maria Künzli und Stefanie Christ, im Mai 2022

Maria Künzli (*1980) studierte Germanistik, Medienwissenschaft und Musikwissenschaft in Bern und Wien. Sie war von 2005 bis 2018 als Kulturredaktorin der «Berner Zeitung» zuständig für die Sparten Klassik und Rock/Pop. Seit 2018 leitet sie gemeinsam mit Stefanie Christ die Kreativagentur Atelier CK. Daneben arbeitet sie als freie Journalistin für Print- und Onlinemedien sowie als Lektorin. Weitere Informationen auf www.atelierck.ch.

Stefanie Christ (*1981) studierte in Bern Kunstgeschichte und Medienwissenschaft. Von 2007 bis 2018 war sie als Kunstredaktorin bei der «Berner Zeitung» tätig, wo sie zuletzt das Kulturressort leitete. Heute arbeitet sie neben ihrem Engagement für das Atelier CK als Kommunikationsverantwortliche im Naturhistorischen Museum Bern. Seit 2004 veröffentlicht sie regelmässig Belletristik, Sachtexte und Kolumnen. Alle Informationen zu ihren Büchern finden Sie auf www.stefanie-christ.ch.

Anhang

Quellen

Literatur

Aebischer, Mirjam u.a.: Leitfaden Fremdplatzierung, hg. von INTEGRAS, Zürich 2013

Berner, Seraina; Furrer, Barbara; Meierhofer, Karin; Seiterle, Nicolette (PACH) unter Mitarbeit von Feurer, Andreas; Rauser, Gabriele (INTEGRAS): Forschungsbedarf im Pflegekinderbereich Schweiz. Analyse im Rahmen des Projekts Pflegekinder – next generation, hg. von der Palatin Stiftung, Basel 2020

Devecchi, Sergio: Heimweh. Vom Heimbub zum Heimleiter, Stämpfli Verlag, Bern 2017

Eymann, Christoph: Können die Ziele privater Care-Leaver-Organisationen vom Bund unterstützt werden?, Parlamentarischer Vorstoss Nr. 20.1035, 2020

Hafner, Wolfgang: Pädagogik, Heime, Macht – eine historische Analyse, hg. von Integras, Zürich 2015

Laganà, Francesco; Babel, Jacques: Berufliche Laufbahn der Absolventinnen und Absolventen einer beruflichen Grundbildung in den fünf Jahren nach dem Abschluss. Längsschnittanalysen im Bildungsbereich, in: Bildung und Wissenschaft Nr. 15, 2020

Lattschar, Birgit; Wiemann, Irmela: Grundlagen und Praxis der Biografiearbeit, hg. von der Internationalen Gesellschaft für erzieherische Hilfen (IGfH), 5., überarbeitete Auflage, Juventa Verlag, Weinheim 2017

Nüsken, Dirk: Erwachsen werden ohne öffentliche Verantwortung? Hilfen für junge Volljährige und Care Leaver im Blick, in: Jugendhilfe-aktuell, Ausgabe 2.2015

Pothmann, Jens: Bildungsverlierer – eine Herausforderung für die Heimerziehung. Schulbesuch von 12- bis 17-Jährigen in Heimen und betreuten Wohnformen, in: Forum Erziehungshilfen, 13. Jg., Heft 3, 2007

Rein, Angela; Schaffner, Dorothee: Strukturelle Rahmung der Statuspassage Leaving Care in der Schweiz – Sondierung in einem unübersichtlichen Feld, in: Care Leaver. Übergänge nach Ende der Jugendhilfe, Schweizerische Zeitschrift für Soziale Arbeit Nr. 16, Schweizerische Gesellschaft für Soziale Arbeit, 2014

Stohler, Renate; Gehrig, Milena: Wohnen und Selbstständigkeit: institutionelle Unterstützung prekärer Übergänge ins Erwachsenenalter, in: Schweizerische Zeitschrift für Soziale Arbeit Nr. 16, Schweizerische Gesellschaft für Soziale Arbeit, 2014

Stohler, Renate; Werner, Karin; Wendland, Jessica: Pflegekinder wirken mit, in: Sozial, Magazin der ZHAW Soziale Arbeit, Nr. 11, 2019

Zeller, Maren: Bildungschancen für Care Leaver sichern!, in: Jugendhilfe-aktuell, Ausgabe 2.2015

Gesetzestexte, Verordnungen und Richtlinien

Argumentarium Leaving Care, Kompetenzzentrum Leaving Care, 2020

Care Leaver. Wenn Pflegekinder erwachsen werden – Eine Handlungsanleitung, Kanton Solothurn, 2020

Pflegekinderverordnung PAVO

Quality4Children

UN-Kinderrechtskonvention

Zivilgesetzbuch ZGB

Websites

Careleaver.ch [Verein Careleaver – Netzwerk zur Unterstützung und Vertretung der Interessen von ehemaligen Heim- und Pflegekindern]

Careleaver-info.ch [Informationen zu Leaving Care von Betroffenen für Betroffene]

Fedlex.admin.ch [Publikationsplattform des Bundesrechts, Zivilgesetzbuch ZGB]

Fhnw.ch > Forschung und Dienstleistungen > Soziale Arbeit > Kinder und Jugendhilfe > Übergang in die Selbständigkeit – junge Erwachsene forschen mit! [Fachhochschule Nordwestschweiz FHNW, Forschungsprojekte zu Careleavern]

Integras.ch [schweizerischer Fachverband Sozial- und Sonderpädagogik]

Kescha.ch [Anlaufstelle Kindes- und Erwachsenenschutz]

Kinderombudsstelle.ch [Website der Ombudsstelle Kinderrechte Schweiz]

Kinderschutz.ch [Website der gemeinnützigen Fachorganisation Kinderschutz Schweiz]

Kokes.ch [interkantonale Fach- und Direktorenkonferenz für Kindes- und Erwachsenenschutz]

Leaving-care.ch > Argumentarium Leaving Care [Kompetenzzentrum für Leaving Care, Argumentarium Leaving Care]

Netzwerk-kinderrechte.ch [Zusammenschluss aus schweizerischen Nichtregierungsorganisationen, die sich für die Anerkennung und Umsetzung der UN-Kinderrechtskonvention in der Schweiz einsetzen]

Pa-ch.ch > für Pflegekinder und Eltern > Recht und Regelungen > PAVO [gesamtschweizerische Organisation Pflege- und Adoptivkinder Schweiz, Pflegekinderverordnung PAVO]

Quality4children.ch > Download > Standards [IG Quality4Children, Standards in der ausserfamiliären Betreuung in Europa]

So.ch > Verwaltung > Amt für Gesellschaft und Soziales > Downloadcenter ASO Kanton Solothurn > Handlungsanleitung Care Leaver

Sodk.ch [Konferenz der kantonalen Sozialdirektorinnen und Sozialdirektoren]

Stiftung-mercator.ch [Stiftung für die Erforschung von Leaving Care]

Unicef.ch >UNICEF > international > Kinderrechtskonvention [UN-Kinderrechtskonvention]

Zhaw.ch > Soziale Arbeit [Zürcher Hochschule für Angewandte Wissenschaften, Forschungsprojekte zu Leaving Care]

Das Rekursverfahren V.B.

Wenn ehemalige Pflegekinder mit Behörden kommunizieren, geschieht dies häufig aus einer schwächeren Position heraus, aus einer Position der Scham und Unsicherheit. Immer wieder wurde vielen von ihnen in der Kindheit, Jugend und später im Erwachsenenalter zu verstehen gegeben, dass der Staat sie mit viel Geld unterstützt hat, dass sie dafür dankbar sein müssen und ja nichts mehr fordern sollen. Es wird ihnen signalisiert, dass sie als ehemalige Fremdplatzierte nicht der Norm entsprechen. Bei V.B. ging es so weit, dass ihr fälschlicherweise eine Mitschuld unterstellt wurde. Mit dem Schreiben vom Oktober 2021 teilte ihr die Sozialbehörde ihres ehemaligen Wohnorts mit, dass sie für die Kosten, die der Gemeinde für ihre Fremdplatzierung vom Kanton nicht rückerstattet wurden, nun lebenslänglich haftbar sei und unter bestimmten Voraussetzungen rückzahlungspflichtig werde. Rückwirkend sollte die mittlerweile erwachsene junge Frau also von der Sozialbehörde in die Verantwortung genommen werden, weil nach geltendem Recht der Kanton einen Teil der Kosten für ihre Platzierung nicht bezahlen musste. Dabei ging es um einen Betrag von rund 700 000 Franken. V.B. holte sich Unterstützung bei ihrem früheren Platzierungsleiter Urs Kaltenrieder, selbst ehemaliges Pflegekind. Gestützt auf die Rechtsmittelbelehrung, reichten sie beim zuständigen Bezirksrat einen Rekurs ein. Daraufhin teilte die Sozialbehörde der Aufsichtsinstanz in einem kurzen Schreiben mit, dass sie irrtümlich den falschen Paragrafen des Sozialhilfegesetzes angewandt hätten und der Beschluss vom Oktober 2021 somit hinfällig geworden sei.

In einer weiteren Eingabe wies V.B. auf die empathielose Amtssprache hin, mit der die Sozialbehörde erst die Forderung und anschliessend den fehlerhaften Beschluss kommunizierte, ohne sich dafür zu entschuldigen. Sie stellte zudem den Antrag auf eine sachlich korrekte Abschlussverfügung. Der Bezirksrat trat weder auf den Antrag noch auf das Gesprächsangebot von V.B. ein. Stattdessen stellte er fest, dass das Verfahren mit den Korrekturen der ersten Verfügung durch die Sozialbehörde abgeschlossen sei. Weiter teilte der Bezirksrat mit, dass die Rekurrentin zu einem früheren

Zeitpunkt bei der zuständigen Sozialbehörde das entsprechende Begehren hätte einreichen müssen. Obwohl Urs Kaltenrieder und V.B. die abschliessende Feststellung des Bezirksrats juristisch für anfechtbar hielten, verzichteten sie auf eine Beschwerde an das kantonale Verwaltungsgericht. «Der Bezirksrat argumentiert juristisch spitzfindig gegenüber einem ehemaligen Pflegekind, das sich keinen hochkarätigen Anwalt leisten kann», sagt Urs Kaltenrieder. Die Argumentation des Bezirksrats wecke berechtigte Zweifel, weil sich V.B. an die Rechtsmittelbelehrung der Sozialbehörde gehalten und fristgerecht beim Bezirksrat Rekurs eingereicht hätte. «Der Weiterzug an das Verwaltungsgericht wäre aber unverhältnismässig und würde nur noch weitere Umtriebe und Verfahrenskosten mit sich bringen.»

V.B. zeigt mit ihrem Vorgehen, dass auch ehemalige Pflegekinder selbstbewusst und auf Augenhöhe mit Behörden kommunizieren können. Dies beweist, dass der Rechtsstaat grundsätzlich funktioniert und dass es möglich ist, Rekurse gegen fragwürdige Entscheide einzureichen und damit zu seinem Recht zu kommen. «Andererseits ist es stossend und eines Sozialstaates unwürdig, dass ehemalige Fremdplatzierte als unbescholtene Bürgerinnen und Bürger von Behörden immer wieder in die Lage versetzt werden, sich gegenüber Behördenwillkür und Unrecht wehren zu müssen», sagt V. B. «Für Nichtbetroffene mögen diese behördlichen Fehlleistungen im Rahmen des Erträglichen sein. Ein betroffenes ehemaliges Pflegekind nimmt so etwas verständlicherweise anders wahr», meint auch Urs Kaltenrieder. «Ein solch haltloser und möglicherweise retraumatisierender Beschluss einer Sozialbehörde kann erneut seelische Verletzungen oder psychische Erkrankungen auslösen. Eine offizielle Entschuldigung der Sozialbehörde wäre im vorliegenden Fall das Mindeste gewesen und nicht mehr als anständig gegenüber einer zu Unrecht haftbar gemachten Staatsbürgerin.»

Auch wenn es sich bei diesem Beschluss der Sozialbehörde um einen Irrtum handelte: Was wäre passiert, wenn V.B. keinen Rekurs eingelegt hätte?

Nachfolgend die anonymisierten Briefe und Beschlüsse in chronologischer Reihenfolge im Originalton:

Fallabschluss der Sozialbehörde

Sozialbehörde

25. Oktober 2021

███

Wirtschaftliche Sozialhilfe, Beratungen, Kostengutsprachen

B███, V███, geb. ███, von ███, gesetzlicher Wohnsitz ███, mit Aufenthalt bei der Pflegefamilie ███ ███

- Fallabschluss per 31. Juli 2016 infolge Ausbildungsabschluss

A.
Mit Beschluss der Fürsorgebehörde vom 16. April 2003 wurde dem Gesuch der Vormundin von V███ B███ um Übernahme der Platzierungskosten ab 5. März 2003 entsprochen.

Seit 5. März 2003 lebte V███ B███ bei der Pflegefamilie ███ in ███, wo sie die Primar- und Sekundarschule absolvierte. Von August 2013 bis August 2016 machte V███ B███ eine Ausbildung zur Coiffeuse. Aus diesem Grund verfügte die Sozialbehörde am 17. August 2015 die Kostenübernahme für die Platzierungskosten in der Pflegefamilie ███ bis Juli 2016.

Im Zusammenhang mit ihrer Volljährigkeit hat sich V███ B███ per 31. Dezember 2014 von der Gemeinde ███ abgemeldet und beim Regionalen Sozialdienst ███ ███ einen Antrag auf eine Erwachsenenbeistandschaft gestellt.

Aus den oben erwähnten Gründen wurde die wirtschaftliche Sozialhilfe an V███ B███ per 31. Juli 2016 eingestellt.

B.
Mit Urteil vom 18. November 2015 (VB: ███) stellte das Verwaltungsgericht des Kantons ███ fest, dass der Kanton Schuldner der Versorgertaxen für die Unterbringung von Kindern und Jugendlichen mit Wohnsitz im Kanton in IVSE-anerkannten ausserkantonalen Einrichtungen sein. Am 17. Juni 2016 (Urteil ███) entschied das Bundesgericht zudem, dass die Versorgertaxen für innerkantonale Unterbringungen in beitragsberechtigten Kinder- und Jugendheimen vom Kanton zu tragen seien. Diese Urteile führten zu einer vorübergehenden Änderung der bisherigen Praxis im Kanton ███, wonach gestützt auf Art. 276 ZGB in erster Linie die Unterhaltspflichtigen und subsidiär die sozialhilferechtlich zuständigen Gemeinden für die von der Bildungsdirektion festgelegten Versorgertagexen aufzukommen hatten.

In der Folge wurde im Gesetz über die Jugendheime und die Pflegekinderfürsorge vom 1. April 1962 (Jugendheimgesetz, LS 851.5) die bisherige Praxis gesetzlich verankert. Die Zuständigkeit für die Finanzierung der Versorgertaxen im Zeitraum vom 8. April 2016 (bei ausserkantonalen Unterbringungen in IVSE-anerkannten Einrichtungen) bzw. 17. Juni 2016 (bei innerkantonalen Einrichtungen in beitragsberechtigten Kinder- und Jugendheimen) lag jedoch bis zum 31. Dezember 2017 vollumfänglich beim Kanton.

Da der zivilrechtliche Wohnsitz von V███ B███ während des massgebenden Zeitraums im Kanton ███ lag, wurden die von der Gemeinde ███ in dieser Zeitperiode übernommenen Versorgertaxen nicht zurückerstattet (Verfügung des Amtes für Jugend und Berufsberatung des Kantons ███ vom 20. September 2018).

BESCHLUSS:

1. Die wirtschaftliche Sozialhilfe an V███ B███ ist per 31. Juli 2016 infolge Ausbildungsabschluss eingestellt worden.

Seite 1/2

Sozialbehörde

25. Oktober 2021

2. V▇▇▇ B▇▇▇ hat vom 5. März 2003 bis 31. Juli 2016 wirtschaftliche Sozialhilfe in der Höhe von CHF 694'590.25 bezogen, davon Übernahme der Krankenkassenprämien im Umfang von CHF 6'828.30 und der Zusatzleistungen von CHF 352.20.

3. Eine Rückerstattung der Versorgertaxen durch den Kanton ▇▇▇ für den Zeitraum vom 8. April 2016 bis 31. Juli 2016 ist mangels zivilrechtlichem Wohnsitz im Kanton ▇▇▇ nicht erfolgt.

4. V▇▇▇ B▇▇▇ wird darauf hingewiesen, dass die bezogene wirtschaftliche Sozialhilfe zurückzuerstatten ist, wenn sie aus Erbschaft, Lotteriegewinn oder andern nicht auf eigene Arbeitsleistung zurückzuführenden Gründen in finanziell günstigere Verhältnisse gelangt. Freiwillige Rückzahlungen sind jederzeit möglich.

5. <u>Rechtsmittelbelehrung</u>
   Gegen diesen Beschluss kann innert 30 Tagen nach Empfang mit schriftlichem Antrag und Begründung beim Bezirksrat ▇▇▇ Rekurs erhoben werden. Der Rekurs hat im Doppel und unter Beilage des angefochtenen Beschlusses zu erfolgen. Die angerufenen Beweismittel sind genau zu bezeichnen und soweit möglich beizulegen.

6. Protokollauszug an:
   - B▇▇▇, V▇▇▇, c/o Fam. ▇▇▇, unter Beilage eines Klientenkontoauszuges, gegen Empfangsschein
   - Soziales

Sozialbehörde ▇▇▇

28. Okt. 2021

Seite 2/2

Rekurs gegen den Fallabschluss der Sozialbehörde

V██ B██

██

EINSCHREIBEN
Bezirksrat ██

██

██, 10. November 2021

Rekurs gegen den Beschluss der Sozialbehörde ██ vom 25. Oktober 2021 betreffend meine Haftung für die Kosten meiner behördlich verfügten Fremdplatzierung über Fr. 694'590.25

Sehr geehrter Herr Bezirksratspräsident, ██
Sehr geehrte Damen und Herren Bezirksrätinnen und Bezirksräte

Mit Bezug auf die Rechtsmittelbelehrung zum Beschluss der Sozialbehörde ██ vom 25. Oktober 2021 (siehe Beilage) reiche ich fristgerecht Rekurs ein.

Anträge

1. Gestützt auf die UNO-Kinderrechtskonvention und die Schweizerische Bundesverfassung, ersuche ich den Bezirksrat ██ den vorliegenden Rekurs gegen den Beschluss der Sozialbehörde ██ vom 25. Oktober 2021 gutzuheissen und mich damit von weiteren unverschuldeten und folgenschweren finanziellen und psychischen Belastungen zu schützen.
2. Es seien die falschen persönlichen Daten in den amtlichen Dokumenten wie folgt zu korrigieren: Anschrift siehe Absender sowie Geburtsdatum, ██ statt ██
3. Allfällige Verfahrenskosten und Gebühren sind der Staatskasse zu belasten.

Begründung

In einer empathielosen Amtssprache und einem detaillierten Kontoauszug von 36 Seiten wird mir zusammengefasst mitgeteilt, dass ich für die Kosten, die der Gemeinde ██ für meine Fremdplatzierung vom Kanton ██ nicht rückerstattet wurden, nun lebenslänglich haftbar sei und unter bestimmten Voraussetzungen rückzahlungspflichtig würde.

Subjektiv fühle ich mich weder schuldig noch haftbar für die Gründe, welche die damals zuständigen Behörden im Frühjahr 2003 veranlassten, mich als kleines Mädchen wegen akuter Kindsgefährdung notfallmässig in eine Pflegefamilie ██ zu platzieren. Meine Unschuld an den schwierigen Umständen meiner Kindheit wurde mir von meiner Vormundin und weiteren Amts- und Fachpersonen wiederholt bestätigt. Es kann nicht sein, dass ich nun rückwirkend von der Sozialbehörde ██ in die Verantwortung genommen werde, weil der Kanton ██ einen Teil der Kosten für meine Platzierung nicht bezahlt. Der Hinweis in diesem Beschluss, dass freiwillige Rückzahlungen jederzeit möglich sind, ist schuldinduzierend und wirkt zynisch. Als fremdplatziertes Kind bin ich bereits unverschuldet benachteiligt. Eine zusätzliche, lebenslängliche Benachteiligung durch den erwähnten Beschluss der Sozialbehörde ██ vom 25. Oktober 2021 erachte ich als verfassungswidrig, willkürlich, unwürdig und diskriminierend.

Objektiv wird meine Beurteilung auch von der UNO-Kinderrechtskonvention gestützt, die beispielsweise auf der Website in einer allgemeinverständlichen Sprache zusammengefasst ist. Zitat: «*Kinder und Jugendliche haben das Recht auf gleiche Chancen und Behandlung! Kein Kind darf benachteiligt werden, weil es eine andere Meinung, Religion, Hautfarbe, eine Behinderung hat oder weil es ein Mädchen oder ein Junge ist.*». Die Schweizerische Bundesverfassung garantiert unter Art. 7 bis 12 Grundrechte wie: Menschenwürde, Rechtsgleichheit, Schutz vor Willkür sowie Wahrung von Treu und Glauben, Recht auf Leben und auf persönliche Freiheit, Schutz der Kinder und Jugendlichen und Recht auf Hilfe in Notlagen. Gemäss Art. 296 ZGB dient die elterliche Sorge dem Kindeswohl. Sie umfasst gemäss Art. 301 – 306 ZGB die Pflege, die Erziehung und die gesetzliche Vertretung des Kindes. Die elterliche Sorge schliesst das Recht ein, den Aufenthaltsort des Kindes zu bestimmen, ihm eine Schul- und Berufsausbildung zu verschaffen, für seine religiöse Erziehung zu sorgen sowie die Verwaltung seines Vermögens (Art. 318 ff. ZGB). Allgemein verständlich ausgedrückt haben Kinder aus normalen Familienverhältnissen gemäss Bundesverfassung und Zivilgesetzbuch das Recht und in der Regel auch die Möglichkeit in Schutz und Geborgenheit in ihrer Ursprungsfamilie aufzuwachsen, um sich auf ein eigenständiges selbstbestimmtes Leben vorzubereiten, ohne dass sie sich dabei wie in meinem Fall, auf behördliche Anordnung lebenslänglich mit rund 700'000.- verschulden müssen, was der Gesamtsumme von rund 15 meiner Jahreslöhne entspricht.

Bekanntgabe meiner Interessenvertretung
Auf mein Ersuchen stellt sich Herr Urs Kaltenrieder[1], geb. 7. Februar 1947 von Kerzers FR, wohnhaft freiwillig und unentgeltlich zur Verfügung, um mich in diesem Rekursverfahren bei der Wahrnehmung meiner Interessen gegenüber den zuständigen Behörden persönlich und fachlich zu unterstützen. Als damaliger Gesamtleiter des Jugendhilfe-Netzwerks Integration hatte er im Frühjahr 2003 meine Notplatzierung geleitet und begleitete mich, meine Pflegefamilie wie auch meine Angehörigen über meine Volljährigkeit hinaus bis zum Lehrabschluss.

Mit freundlichen Grüssen

V B , Betroffene

Urs Kaltenrieder, Interessenvertretung

Beilage: Beschluss der Sozialbehörde vom 25. Oktober 2021 im Doppel

---

[1] Urs Kaltenrieder ist Erfahrungs- und Fachexperte in Sachen Kindes- und Jugendschutz. Er war selbst Pflegekind und ist dipl. Sozialpädagoge, Familien- und Systemtherapeut IEF/ISO. Durch seine langjährigen Erfahrungen als Leiter eines Jugendheims sowie eines Schul- und Therapieheimes, einer regionalen Jugend- und Familienberatungsstelle, als Amtsvormund sowie als Familien- und Systemtherapeut in der Kinder- und Jugendpsychiatrie und als Gründer und Gesamtleiter eines Jugendhilfe-Netzwerks verfügt er über die Voraussetzungen für diese Aufgabe.

Rekurs gegen den Beschluss der Sozialbehörde vom 25. Oktober 2021 2/2

Präsidialverfügung des Bezirksrats

EINGEGANGEN 2 6. Nov. 2021

Kanton [geschwärzt]
Bezirksrat [geschwärzt]

Präsidialverfügung vom 25. November 2021

Mitwirkende	Präsident [geschwärzt] Ratsschreiberin-Stellvertreterin [geschwärzt]	
In Sachen	**V[geschwärzt] B[geschwärzt]** [geschwärzt]	**Rekurrentin**
vertr. durch	Urs Kaltenrieder c/o Jugendhilfe-Netzwerk Integration, Ausserzimmerei 680B, 3537 Eggiwil	
gegen	**Gemeinde** [geschwärzt] [geschwärzt]	**Rekursgegnerin**
vertr. durch	Sozialbehörde [geschwärzt] [geschwärzt]	
betreffend	Rekurs gegen den Beschluss Nr. 179 [geschwärzt] vom 25. Oktober 2021 der Sozialbehörde [geschwärzt]	

Der Präsident verfügt:

I. Vom Eingang der Vollmacht der Rekurrentin vom 24. November 2021 sowie der Eingabe der Rekursgegnerin vom 24. November 2021 inkl. dem Wiedererwägungsentscheid vom 22. November 2021 (Beilage) wird Vormerk genommen.

II. Die Eingabe der Rekursgegnerin vom 24. November 2021 inkl. Beilage wird der Rekurrentin zugestellt.

Der Rekurrentin steht es frei, innerhalb von 10 Tagen ab Zustellung der vorliegenden Verfügung schriftlich zur Eingabe der Rekursgegnerin vom 24. November 2021 inkl. Beilage Stellung zu nehmen.

Bei Säumnis wird Verzicht auf Stellungnahme angenommen.

III. Mitteilung an:
- Urs Kaltenrieder, c/o Jugendhilfe-Netzwerk Integration, Ausserzimmerei 680B, 3537 Eggiwil, unter Beilage von act. 6 und 7 (Einschreiben)
- Sozialbehörde

BEZIRKSRAT
Die Ratsschreiberin-Stv.

versandt: 25. Nov. 2021

Poststempel ☐ Zirkulation
☐ Vormerknahme

<u>Einschreiben</u>
<u>Bezirksrat</u>

24. November 2021/

Sehr geehrte Damen und Herren

In Sachen

V B ,

Rekurrentin

gegen

Gemeinde ,
vertreten durch Sozialbehörde ,

Rekursgegnerin

betreffend

Rekurs gegen den Beschluss der Sozialbehörde Nr. 179 vom 25. Oktober 2021

Seite 1/2

EINGEGANGEN 26. Nov. 2021

reichen wir hiermit innert Frist die Vernehmlassung ein mit dem

Antrag:

«Der Rekurs ist aufgrund einer Wiedererwägung des Beschlusses der Sozialbehörde Nr. 179 vom 25. Oktober 2021 mittels Beschluss der Sozialbehörde Nr. 202 vom 22. November 2021 als gegenstandslos abzuschreiben.»

Begründung:

Der Fallabschluss mittels eines formellen Beschlusses der Sozialbehörde beendet ein Verfahren, welches ebenfalls mit Beschluss der Sozialbehörde vom 16. April 2003 eröffnet wurde. Dass dieser Beschluss in einer unpersönlichen «Amtssprache» verfasst wurde und damit den Gefühlen der vom Beschluss betroffenen Rekurrentin zu wenig Rechnung trägt, liegt leider in der Natur der Sache. Es war keineswegs die Absicht der Sozialbehörde, die Rekurrentin zu verletzen.

Tatsächlich wurde in Dispositiv-Ziffer 4 des Beschlusses Nr. 179 vom 25. Oktober 2021 irrtümlich darauf hingewiesen, dass die bezogene wirtschaftliche Sozialhilfe zurückzuerstatten sei, wenn sie aus Erbschaft, Lotteriegewinn oder andern nicht auf eigene Arbeitsleistung zurückzuführenden Gründen in finanziell günstigere Verhältnisse gelange. Dieser Grundsatz ist in § 27 Abs. 1 Sozialhilfegesetz statuiert.

Vorliegend gelangt jedoch § 27 Abs. 3 Sozialhilfegesetz zur Anwendung, wonach wirtschaftliche Hilfe, die jemand für sich selbst während seiner Unmündigkeit oder bis zum Abschluss einer in dieser Zeit begonnenen Ausbildung bezogen hat, nicht zurückzuerstatten ist. Für die Kosten des Aufenthalts in einem Jugendheim gilt dies sogar bis zum 22. Altersjahr.

Wiedererwägungsweise hat daher die Sozialbehörde mit Beschluss Nr. 202 vom 22. November 2021 Ziffer 4 des Dispositivs entsprechend geändert. Ebenfalls wurde das Geburtsdatum und die Adresse korrigiert.

Da die von der Rekurrentin geltend gemachten Fehler berichtigt wurden, kann das Verfahren vor Bezirksrat als gegenstandslos abgeschrieben werden.

Freundliche grüsst

Sozialbehörde

Beilage: Beschluss der Sozialbehörde Nr. 202 vom 22. November 2021

IM DOPPEL

Seite 2/2

EINGEGANGEN 26. Nov. 2021

KOPIE

Sozialbehörde

22. November 2021

Wirtschaftliche Sozialhilfe, Beratungen, Kostengutsprachen

B, V, geb. , von , gesetzlicher Wohnsitz , mit Aufenthalt bei der Pflegefamilie

- Fallabschluss per 31. Juli 2016 infolge Ausbildungsabschluss (Wiedererwägung)

A.
Mit Beschluss der Fürsorgebehörde vom 16. April 2003 wurde dem Gesuch der Vormundin von V B um Übernahme der Platzierungskosten ab 5. März 2003 entsprochen.

Seit 5. März 2003 lebte V B bei der Pflegefamilie in , wo sie die Primar- und Sekundarschule absolvierte. Von August 2013 bis August 2016 machte V B eine Ausbildung zur Coiffeuse. Aus diesem Grund verfügte die Sozialbehörde am 17. August 2015 die Kostenübernahme für die Platzierungskosten in der Pflegefamilie bis Juli 2016.

Im Zusammenhang mit ihrer Volljährigkeit hat sich V B per 31. Dezember 2014 von der Gemeinde abgemeldet und beim Regionalen Sozialdienst einen Antrag auf eine Erwachsenenbeistandschaft gestellt.

Aus den oben erwähnten Gründen wurde die wirtschaftliche Sozialhilfe an V B per 31. Juli 2016 eingestellt.

B.
Mit Urteil vom 18. November 2015 (VB:) stellte das Verwaltungsgericht des Kantons fest, dass der Kanton Schuldner der Versorgertaxen für die Unterbringung von Kindern und Jugendlichen mit Wohnsitz im Kanton in IVSE-anerkannten ausserkantonalen Einrichtungen sein. Am 17. Juni 2016 entschied das Bundesgericht zudem, dass die Versorgertaxen für innerkantonale Unterbringungen in beitragsberechtigten Kinder- und Jugendheimen vom Kanton zu tragen seien. Diese Urteile führten zu einer vorübergehenden Änderung der bisherigen Praxis im Kanton , wonach gestützt auf Art. 276 ZGB in erster Linie die Unterhaltspflichtigen und subsidiär die sozialhilferechtlich zuständigen Gemeinden für die von der Bildungsdirektion festgelegten Versorgertagexen aufzukommen hatten.

In der Folge wurde im Gesetz über die Jugendheime und die Pflegekinderfürsorge vom 1. April 1962 (Jugendheimgesetz, LS 851.5) die bisherige Praxis gesetzlich verankert. Die Zuständigkeit für die Finanzierung der Versorgertaxen im Zeitraum vom 8. April 2016 (bei ausserkantonalen Unterbringungen in IVSE-anerkannten Einrichtungen) bzw. 17. Juni 2016 (bei innerkantonalen Einrichtungen in beitragsberechtigten Kinder- und Jugendheimen) lag jedoch bis zum 31. Dezember 2017 vollumfänglich beim Kanton.

Da der zivilrechtliche Wohnsitz von V B während des massgebenden Zeitraums im Kanton lag, wurden die von der Gemeinde in dieser Zeitperiode übernommenen Versorgertaxen nicht zurückerstattet (Verfügung des Amtes für Jugend und Berufsberatung des Kantons vom 20. September 2018).

C.
Mit Beschluss Nr. 179 vom 25. Oktober 2021 wurde in Dispositiv-Ziffer 4 irrtümlich darauf hingewiesen, dass die bezogene wirtschaftliche Sozialhilfe zurückzuerstatten sei, wenn sie aus Erbschaft, Lotteriegewinn oder andern nicht auf eigene Arbeitsleistung zurückzuführenden Gründen in finanziell günstigere Verhältnisse gelange. Vorliegend gelangt jedoch § 27 Abs. 3 Sozialhilfegesetz (SHG) zur Anwendung, wonach wirtschaftliche Hilfe, die jemand für sich selbst während

Seite 1/2

Sozialbehörde

22. November 2021

seiner Unmündigkeit oder bis zum Abschluss einer in dieser Zeit begonnenen Ausbildung bezogen hat, nicht zurückzuerstatten ist. Für die Kosten des Aufenthalts in einem Jugendheim gilt dies sogar bis zum 22. Altersjahr. Ziffer 4 des Dispositivs ist entsprechend zu ändern.

BESCHLUSS:

1. Die wirtschaftliche Sozialhilfe an V███ B███ ist per 31. Juli 2016 infolge Ausbildungsabschluss eingestellt worden.
2. V███ B███ hat vom 5. März 2003 bis 31. Juli 2016 wirtschaftliche Sozialhilfe in der Höhe von CHF 694'590.25 bezogen, davon Übernahme der Krankenkassenprämien im Umfang von CHF 6'828.30 und der Zusatzleistungen von CHF 352.20.
3. Eine Rückerstattung der Versorgertaxen durch den Kanton ███ für den Zeitraum vom 8. April 2016 bis 31. Juli 2016 ist mangels zivilrechtlichem Wohnsitz im Kanton ███ nicht erfolgt.
4. Gestützt auf § 27 Abs. 3 SHG ist die wirtschaftliche Sozialhilfe gemäss Dispositiv-Ziffer 2 nicht zurückzuerstatten. Freiwillige Rückzahlungen sind jederzeit möglich.
5. Der vorliegende Beschluss ersetzt den Beschluss Nr. 179 vom 25. Oktober 2021.
6. Rechtsmittelbelehrung
   Gegen diesen Beschluss kann innert 30 Tagen nach Empfang mit schriftlichem Antrag und Begründung beim Bezirksrat ███ Rekurs erhoben werden. Der Rekurs hat im Doppel und unter Beilage des angefochtenen Beschlusses zu erfolgen. Die angerufenen Beweismittel sind genau zu bezeichnen und soweit möglich beizulegen.
7. Protokollauszug an:
   - B███, V███, ███, gegen Empfangsschein
   - Soziales

Sozialbehörde

Seite 2/2

Replik und Antrag zur Präsidialverfügung des Bezirksrats

Urs Kaltenrieder

EINSCHREIBEN

Bezirksrat

1. Dezember 2021

Präsidialverfügung des Bezirksrats vom 25. Nov. 2021 betreffend die Eingabe der Sozialbehörde vom 24. November 2021

Sehr geehrter Herr Präsident

Besten Dank für Ihre Präsidialverfügung und die zeitnahe und vertrauensbildende Bearbeitung unseres Rekurses vom 11. November 2021.

Bezugnehmend auf Ihre Verfügung vom 25. November (Eingang 26.11.21) nehmen wir mit grosser Befriedigung zur Kenntnis, dass unser Rekurs vom 10. November 2021 die Behebung der gröbsten Mängel im angefochtenen Beschluss der Sozialbehörde vom 25. Oktober 2021 zu erwirken vermochte. Hingegen bestehen nach wie vor gegenüber der aktuellen Verfügung der Sozialbehörde vom 24.November 2021 begründete Vorbehalte, welche direkt über Vergleichsverhandlungen mit der Sozialbehörde bereinigt werden könnten.

Innert Frist reicht die Rekurrentin nachfolgend eine Replik zur Eingabe der Sozialbehörde vom 24. November 2021 ein und stellt folgerichtig den Antrag für eine annehmbare Abschlussverfügung.

Replik zum Beschluss der Sozialbehörde [geschwärzt] vom 24. Nov. 2021

Die Rekurrentin hält z. Hd. der Akten dieses Rekursverfahrens fest, dass:

1. «der Fallabschluss» der Sozialbehörde [geschwärzt] anerkanntermassen in einer empathielosen Amtssprache abgefasst wurde

2. von der Sozialbehörde [geschwärzt] anerkannt wird, dass mit der von ihr angewendeten «Amtssprache» die Gefühle der Rekurrentin verletzt wurden

3. der Eindruck entsteht, dass die Sozialbehörde [geschwärzt] nicht gewillt ist, die «Amtssprache» gegenüber den für sie zuständigen Personen in einer respektvollen und achtsamen Art und Weise anzuwenden

4. die angefochtene Verfügung der Sozialbehörde [geschwärzt] vom 25. November 2021 rechtlich drei besonders gravierende Mängel aufweist und eine offizielle Entschuldigung seitens der Sozialbehörde [geschwärzt] unterlassen wurde:
   a. in der kritisierten Verfügung wendet die Sozialkommission [geschwärzt] irrtümlich § 27 Abs. 1 anstatt § 27 Abs. 3 des Sozialhilfegesetzes des Kantons [geschwärzt]an
   b. in der Verfügung vom 25.10.21 «tatsächlich» von der Sozialbehörde [geschwärzt] darauf hingewiesen wurde, dass die für die Fremdplatzierung aufgelaufenen Kosten im Gesamtbetrag von Fr. 694'590.25 (Betrag wurde mit einem 36 Seiten langen Auszug detailliert belegt) unter bestimmten Voraussetzungen von der Rekurrentin zurückbezahlt werden müssten
   c. die Sozialbehörde [geschwärzt] der Rekurrentin, durch ihren folgenschweren Irrtum fahrlässig und gesetzeswidrig eine extreme finanzielle und moralische Schuld zugeschrieben hat, obwohl nach geltendem Recht die Rekurrentin für die Kosten ihrer Fremdplatzierung weder eine Verantwortung noch eine Schuld trägt und deshalb auch nicht grundsätzlich haftbar gemacht werden kann

5. auch nach der Korrektur vom 24.11.21 der Eindruck bestehen bleibt, dass die Arbeit der Sozialbehörde [geschwärzt] von einer Haltung latenter Vorurteile und einer Geringschätzung gegenüber fremdplatzierten und ehemaligen fremdplatzierten Kindern beeinflusst wird

Antrag:

Unter Würdigung der Biografie der Rekurrentin, ihrer Begründung zum Rekurs und ihrer Replik zur Verfügung der Sozialbehörde [geschwärzt] vom 24.11.21, sei der Inhalt der Abschlussverfügung der Sozialbehörde [geschwärzt] mit Achtsamkeit gegenüber der persönlichen Integrität der Rekurrentin zu vervollständigen.

Eingabe zur Präsidialverfügung des Bezirksrats [geschwärzt] vom 25. Nov. 2021 Seite 2/3

Begründung:

Laut übereinstimmenden Studien leiden die meisten Menschen daran, wenn sie finanziell von der Sozialhilfe unterstützt werden. Dieses seelische Leiden wird noch zusätzlich durch einen absurden politischen Diskurs begleitet, welcher psychische Erkrankungen verstärken kann. Mit Diffamierungen, wie: „Sozialschmarotzer", „Scheininvalide" etc. werden zu Unrecht viele Bürgerinnen und Bürger verunglimpft und diskriminiert.

Trotz aller Schwierigkeiten ist die Rekurrentin dafür dankbar, dass ihr von Amtes wegen schon mit 5 ½ Jahren so entscheidend und nachhaltig geholfen wurde. Ihre damalige Vormundin sorgte 2003 mit vorbehaltloser Unterstützung der Sozialbehörde (Vormundschaftsbehörde) über eine notfallmässige Fremdplatzierung dafür, dass das akut gefährdete Kleinkind in einer liebevollen Pflegefamilie eben und sich geborgen und geschützt entwickeln konnte. Die Rekurrentin ist sich bewusst, dass sie heute auch dank der langjährigen Unterstützung der Sozialbehörde , beruflich und privat in gesunden und stabilen Verhältnissen leben und für ihren Lebensunterhalt selbständig aufkommen kann. Sie ist deshalb zuversichtlich und möchte ihren Beitrag auch dazu leisten, damit sich im Einvernehmen mit der Sozialbehörde aus dem umstrittenen „Fallabschluss" eine wertschätzende und menschenwürdige Abschlussverfügung entwickeln lässt, welche ihre gegenwärtigen Zweifel gegenüber dieser Behörde ausräumt und damit das erschütterte Vertrauen wieder hergestellt werden kann.

Schlussbemerkung:

Für Gespräche betreffend der von uns kritisierten Abschlussverfügung vom 24. November 2021 der Sozialbehörde stehen wir sowohl dem Bezirksrat wie auch der Sozialbehörde gerne zur Verfügung.

Freundliche Grüsse

Urs Kaltenrieder
Bevollmächtigte Interessenvertretung

Kopie geht an die Rekurrentin:
- Frau V B ,

Eingabe zur Präsidialverfügung des Bezirksrats vom 25. Nov. 2021 Seite 3/3

Beschluss des Bezirksrats

EINGEGANGEN 20. Dez. 2021

Kanton
Bezirksrat

Beschluss vom 16. Dezember 2021

Mitwirkende	Präsident Bezirksrätin Bezirksrat Ratsschreiberin-Stellvertreterin
In Sachen	**V B,**
	Rekurrentin
vertr. durch	Urs Kaltenrieder, c/o Jugendhilfe-Netzwerk Integration, Aussenzimmerzei 680B, 3537 Eggiwil
gegen	**Gemeinde ,**
	Rekursgegnerin
vertr. durch	Sozialbehörde ,
betreffend	Rekurs gegen den Beschluss Nr. 179 vom 25. Oktober 2021 der Sozialbehörde

Der Bezirksrat stellt fest und erwägt:

1. 1.1

Mit Beschluss Nr. 179 vom 25. Oktober 2021 (Beschluss vom 25. Oktober 2021) entschied die Sozialbehörde der Gemeinde (Rekursgegnerin) das Nachfolgende (act. 2):

«1. (...)

2. V B hat vom 5. März 2003 bis 31. Juli 2016 wirtschaftliche Sozialhilfe in der Höhe von CHF 694'590.25 bezogen, davon Übernahme der Krankenkassenprämien im Umfang von CHF 6'828.30 und der Zusatzleistungen von CHF 352.20.

3. Eine Rückerstattung der Versorgertaxen durch den Kanton für den Zeitraum vom 8. April 2016 bis 31. Juli 2016 ist mangels zivilrechtlichem Wohnsitz im Kanton nicht erfolgt.

4. V B wird darauf hingewiesen, dass die bezogene wirtschaftliche Sozialhilfe zurückzuerstatten ist, wenn sie aus Erbschaft, Lotteriegewinn oder andern nicht auf eigene Arbeitsleistung zurückzuführenden Gründen in finanziell günstigere Verhältnisse gelangt. Freiwillige Rückzahlungen sind jederzeit möglich.

5. (...)

6. Protokollauszug an:
   - B, V, c/o Fam. , unter Beilage eines Klientenkontoauszuges, gegen Empfangsschein
   - Soziales»

1.2

Mit Eingabe vom 10. November 2021 erhob V B (Rekurrentin) beim Bezirksrat (Bezirksrat) Rekurs gegen den Beschluss vom 25. Oktober 2021 und beantragt sinngemäss die Aufhebung der Dispositiv-Ziffer 4 des Beschlusses vom 25. Oktober

EINGEGANGEN 2 0. Dez. 2021

Seite 3/10

2021 sowie die Korrektur ihrer Anschrift und ihres Geburtsdatums in den amtlichen Dokumenten, unter Kostenfolgen zulasten der Staatskasse (act. 1).

1.3
Mit Eingabe vom 24. November 2021 reichte Urs Kaltenrieder dem Bezirksrat gestützt auf die Präsidialverfügung vom 17. November 2021 die von der Rekurrentin zu seinen Gunsten unterzeichnete Vollmacht ein (act. 3 - 5).

1.4
Die Rekursgegnerin liess dem Bezirksrat mit Eingabe vom 24. November 2021 im Rahmen ihrer Vernehmlassung den Wiedererwägungsbeschluss Nr. 202 vom 22. November 2021 (Wiedererwägungsbeschluss vom 22. November 2021) zukommen. In ihrer Vernehmlassung vom 24. November 2021 stellt die Rekursgegnerin folgenden Antrag (act. 6):

> Der Rekurs sei aufgrund einer Wiedererwägung des Beschlusses der Sozialbehörde Nr. 179 vom 25. Oktober 2021 mittels Beschluss der Sozialbehörde Nr. 202 vom 22. November 2021 als gegenstandslos abzuschreiben.

Mit Wiedererwägungsbeschluss vom 22. November 2021 entschied die Rekursgegnerin in Abweichung zum Beschluss vom 25. Oktober 2021 das Nachfolgende (act. 7):

«1. - 3. (…)
4. Gestützt auf § 27 Abs. 3 SHG ist die wirtschaftliche Sozialhilfe gemäss Dispositiv-Ziffer 2 nicht zurückzuerstatten. Freiwillige Rückzahlungen sind jederzeit möglich.
5. Der vorliegende Beschluss ersetzt den Beschluss Nr. 179 vom 25. Oktober 2021.
6. (…)

Seite 4/10

7. Protokollauszug an:
- B█, V█, █
█ gegen Empfangsschein
- Soziales»

Überdies korrigierte die Rekursgegnerin das im Beschlusstitel erwähnte Geburtsdatum der Rekurrentin.

1.5
Mit Eingabe vom 1. Dezember 2021 stellt die Rekurrentin im Rahmen ihrer Stellungnahme gestützt auf die Präsidialverfügung vom 25. November 2021 folgenden Antrag (act. 9):

Unter Würdigung der Biografie der Rekurrentin, ihrer Begründung zum Rekurs und ihrer Replik zur Verfügung der Sozialbehörde █ vom 24.11.21 (recte: Beschluss der Sozialbehörde █ vom 22. November 2021) sei der Inhalt der Abschlussverfügung der Sozialbehörde █ mit Achtsamkeit gegenüber der persönlichen Integrität der Rekurrentin zu vervollständigen.

1.6
Wie die nachstehenden Erwägungen zeigen werden, ist das vorliegende Verfahren spruchreif und die Zustellung der Stellungnahme der Rekurrentin vom 1. Dezember 2021 an die Rekursgegnerin kann mit dem vorliegenden Beschluss erfolgen.

1.7
Auf die Vorbringen der Parteien wird, soweit für die Entscheidfindung relevant, in den nachstehenden Erwägungen eingegangen.

2. 2.1

Im Rekurs- bzw. Rechtsmittelverfahren müssen gewisse Voraussetzungen erfüllt sein, damit die Rechtsmittelinstanz auf das Rechtsmittel eintritt, die Sache inhaltlich prüft und einen Sachentscheid fällt. Dabei handelt es sich um die sog. Prozess- oder Eintretensvoraussetzungen. Fehlt es an einer dieser Voraussetzungen, führt das zu einem Nichteintretensentscheid (BERTSCHI, in: Kommentar VRG, 3. Auflage 2014, N 50 zu Vorbemerkungen zu §§ 19 – 28a VRG).

2.2

Gemäss § 21 Abs. 1 Verwaltungsrechtspflegegesetz (VRG) ist zum Rekurs berechtigt, wer durch die Anordnung berührt ist und ein schutzwürdiges Interesse an deren Aufhebung oder Änderung hat. § 21 Abs. 1 VRG nennt als Legitimationsvoraussetzung das Berührtsein und die Betroffenheit in schutzwürdigen Interessen, die der sog. materiellen Beschwer zuzuordnen sind. Die materielle Beschwer setzt nach bundesgerichtlicher Rechtsprechung voraus, dass die betreffende Person «über eine spezifische Beziehungsnähe zur Streitsache verfügt und einen praktischen Nutzen aus der Aufhebung oder Änderung des angefochtenen Entscheids zieht. [...] Ein schutzwürdiges Interesse liegt vor, wenn die tatsächliche oder rechtliche Situation der Beschwerdeführerin durch den Ausgang des Verfahrens beeinflusst werden kann» (BERTSCHI, a.a.O., N 10 und 13 zu § 21 VRG).

2.3

Die Prozessvoraussetzungen müssen sowohl im Zeitpunkt der Rechtsmittelerhebung als auch im Zeitpunkt der Entscheidfällung gegeben sein. Fällt eine Prozessvoraussetzung während der Rechtshängigkeit weg, so ist das Verfahren grundsätzlich als gegenstandslos abzuschreiben; das gilt namentlich beim Dahinfallen der angefochtenen Anordnung und beim Wegfallen des Rechtsschutzinteresses (BERTSCHI, a.a.O., N 50 ff. zu Vorbemerkungen zu §§ 19 – 28a VRG). Das Rekursverfahren wird gegenstandslos und ist aus diesem Grund abzuschreiben, wenn der geltend gemachte Nachteil selbst bei Gutheissung des Rekurses nicht mehr behoben werden könnte, wenn die angefochtene Anordnung infolge Wiedererwägung, Widerrufs oder Zeitablaufs zu existieren aufhört etc. (vgl. GRIFFEL in: Kommentar VRG, 3. Auflage 2014, N 25 zu § 28 VRG).

3. 3.1.1

Im Rahmen der Rekursschrift vom 10. November 2021 beantragt die Rekurrentin die Aufhebung der Dispositiv-Ziffer 4 des Beschlusses vom 25. Oktober 2021. Sie macht sinngemäss geltend, dass die ihr in Dispositiv-Ziffer 4 des Beschlusses vom 25. Oktober 2021 auferlegte Pflicht zur Rückzahlung der wirtschaftlichen Hilfe widerrechtlich sei. Sie bemängelt auch den Hinweis, dass freiwillige Rückzahlungen jederzeit möglich seien (act. 1).

3.1.2

Durch den Wiedererwägungsbeschluss vom 22. November 2021 hob die Rekursgegnerin die Rückzahlungsverpflichtung der Rekurrentin auf, hielt darin explizit fest, dass die wirtschaftliche Hilfe nicht zurückzuerstatten sei und wies erneut darauf hin, dass freiwillige Rückzahlungen möglich seien (act. 7).

3.1.3

Bezüglich der angefochtenen und mit Wiedererwägungsbeschluss vom 22. November 2021 aufgehobenen Rückzahlungsverpflichtung ist der Rekurs gegenstandlos geworden und dementsprechend abzuschreiben.

3.1.4

Eine Rückforderung von bezogener wirtschaftlicher Hilfe kann nur aus den gesetzlich vorgesehenen Gründen zwangsweise durchgesetzt werden. Hingegen sind freiwillige Rückerstattungen von bezogenen Sozialhilfeleistungen immer möglich. Allerdings ist es nicht zulässig, vor der Auszahlung der Unterstützung dem Klienten bzw. der Klientin eine spätere freiwillige Rückzahlung nahezulegen oder mit ihm bzw. ihr darüber sogar einen Vertrag abzuschliessen. Eine solche Vereinbarung hätte keine Rechtswirksamkeit. Vielmehr muss der Klient bzw. die Klientin später darüber frei entscheiden können, ob er oder sie die bezogene Sozialhilfe ganz oder zum Teil zurückerstatten möchte (Sozialhilfe-Behördenhandbuch des Kantons ███ ███).

Wie es dem Begriff *freiwillige Rückerstattung* bereits immanent ist, kann die Rekurrentin frei darüber entscheiden, ob sie die bezogene wirtschaftliche Hilfe ganz oder teilweise zurückerstatten möchte. Es besteht demnach seitens der Rekurrentin keine Verpflichtung hierfür. Die freiwillige Rückerstattungsmöglichkeit besteht ausserdem unabhängig davon, ob diese nun im Beschluss explizit erwähnt wird oder nicht. Entsprechend fehlt es der Rekurrentin diesbezüglich an der für einen Rekurs erforderlichen materiellen Beschwer, weshalb diesbezüglich nicht auf den Rekurs einzutreten ist. Selbst wenn die materielle Beschwer zu bejahen wäre, würde sich der Hinweis der Rekursgegnerin auf die freiwillige Rückerstattungsmöglichkeit als nicht rechtswidrig und unangemessen erweisen.

3.2
Weiter beantragt die Rekurrentin in ihrer Rekursschrift vom 10. November 2021 die Korrektur ihrer Anschrift im Mitteilungssatz und ihres Geburtsdatums im Beschluss vom 25. Oktober 2021 (act. 1).

Als Berichtigung wird die Korrektur von Fehlern bezeichnet, die nicht bei der Willensbildung der Behörde, sondern anlässlich der schriftlichen Formulierung der ausgefertigten Anordnung unterlaufen sind. Es handelt sich dabei um sog. Kanzleifehler. Zuständig zur Berichtigung ist die Behörde, welche die Verfügung oder den Rechtsmittelentscheid gefällt hat, doch kann die Prozessökonomie eine Berichtigung durch die Rechtsmittelinstanz gestatten (BERTSCHI, a.a.O., N 27 zu Vorbemerkungen zu §§ 86a – 86d VRG).

Im Wiedererwägungsbeschluss vom 22. November 2021 berichtigte die Rekursgegnerin das Geburtsdatum und die Anschrift der Rekurrentin im Mitteilungssatz, sodass sich die Berichtigung als gegenstandlos erweist und entsprechend abzuschreiben ist.

3.3.1
Im Rahmen ihrer Eingabe vom 1. Dezember 2021 bemängelt die Rekurrentin bezüglich des Wiedererwägungsbeschlusses vom 22. November 2021, die von der Rekursgegnerin in der Begründung gewählte Amtssprache bzw. macht sinngemäss eine Persönlichkeitsverletzung durch die Rekursgegnerin geltend. Durch den Inhalt des Wiedererwägungsbeschlusses vom 24. November 2021 (recte: 22. November 2021) sei sie in ihrer persönlichen Integrität verletzt. Überdies bemängelt die Rekurrentin, dass es die Rekursgegnerin im Wiedererwägungsbeschluss vom 22. November 2021 unterlassen habe, sich trotz gravierender Mängel im Beschluss vom 25. November 2021 (recte: 25. Oktober 2021) zu entschuldigen (act. 9).

3.3.2
Die Rekurrentin sieht durch den Wiedererwägungsbeschluss vom 22. November 2021 ihre Persönlichkeit verletzt und verlangt sinngemäss die Beseitigung der Persönlichkeitsverletzung. Einen solchen Beseitigungsanspruch hätte die Rekurrentin beim Gemeindevorstand der Rekursgegnerin und nicht beim Bezirksrat geltend zu machen (vgl. § 22 Abs. 1 lit. a Haftungsgesetz). Im Übrigen besteht an der Anfechtung der Erwägungen eines Entscheids kein schutzwürdiges Interesse (BERTSCHI, a.a.O., N 29 zu § 21 VRG; BOSS-

EINGEGANGEN 2 0. Dez. 2021

Seite 9/10

HART/BERTSCHI in: Kommentar VRG, 3. Auflage 2014, N 5 zu § 19 VRG). Entsprechend ist für diesen Antrag der Bezirksrat nicht zuständig und auf diesen ist nicht einzutreten. Dasselbe gilt für die von der Rekurrentin verlangte Entschuldigung der Rekursgegnerin

3.4
Zusammenfassend kann somit festgehalten werden, dass der Rekurs bzw. die Berichtigung der Rekurrentin infolge Wiedererwägung durch die Rekursgegnerin mit Wiedererwägungsbeschluss vom 22. November 2021 als gegenstandslos geworden abzuschreiben ist, soweit darauf einzutreten ist.

4. Verfahrenskosten sind keine zu erheben (§ 10 Gebührenordnung für die Verwaltungsbehörden). Parteientschädigungen sind keine zuzusprechen.

Der Bezirksrat beschliesst:

I. Der Rekurs bzw. die Berichtigung der Rekurrentin vom 10. November 2021 wird als gegenstandslos geworden abgeschrieben, soweit darauf eingetreten wird.

II. Er werden keine Verfahrenskosten erhoben.

III. Es werden keine Parteientschädigungen zugesprochen.

IV. Gegen diesen Entscheid kann innert 30 Tagen seit dessen Zustellung beim Verwaltungsgericht des Kantons [redacted], [redacted], schriftlich Beschwerde erhoben werden. Die in dreifacher Ausfertigung einzureichende Beschwerdeschrift muss einen Antrag und dessen Begründung enthalten. Der angefochtene Entscheid ist beizulegen oder genau

Seite 10/10

zu bezeichnen. Die angerufenen Beweismittel sind genau zu bezeichnen und soweit möglich beizulegen.

V. Mitteilung an:

- Urs Kaltenrieder, c/o Jugendhilfe-Netzwerk Integration, Aussenzimmerzei 680B, 3537 Eggiwil (Einschreiben)
- Sozialbehörde unter Beilage des Doppels von act. 9 (Einschreiben)

BEZIRKSRAT

Der Präsident | Die Ratsschreiberin-Stv.

versandt: 17. Dez. 2021

Das Schmetterlingsmodell

Nach schweizerischem Recht sind Eltern verpflichtet, sich um das Wohl ihrer Kinder zu kümmern. Diese gesetzlich verankerte elterliche Verantwortung beinhaltet die Sorge für das Kind im leiblichen, sozialen, finanziellen und rechtlichen Bereich. Sind Eltern nicht in der Lage, diese Verantwortung wahrzunehmen, gilt es, nach anderen Möglichkeiten zu suchen. Ordnet eine Kindesschutzbehörde eine Fremdplatzierung an, wird das Kind mit einem neuen Umfeld konfrontiert. Von nun an sind mehrere Instanzen für das Kindeswohl verantwortlich. Die Art, wie sie zusammenarbeiten, beeinflusst die Befindlichkeit und die Entwicklungsmöglichkeiten des Kindes entscheidend.

Das Schmetterlingsmodell stellt die Verantwortlichkeiten der einzelnen Kooperationspartner und deren Beziehung zueinander dar. Es zeigt auf, wie wichtig es ist, dass alle beteiligten Instanzen zusammenarbeiten. Jeder Flügel des Schmetterlings steht für eine der vier «Elternschaften», die für ein Pflegekind zuständig sind: die leiblichen Eltern (Mutter und Vater), die sozialen Eltern (Pflegefamilie), die finanzierenden «Eltern» (Sozialdienst, Beistand, Gemeindebehörde) und die gesetzlichen «Eltern» (Kindes- und Erwachsenenschutzbehörde):

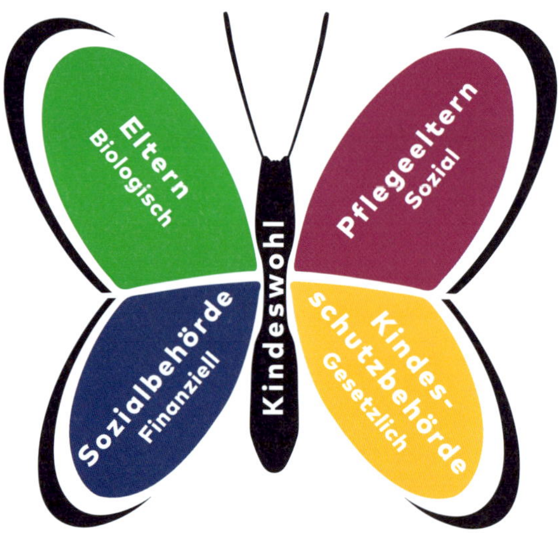

Das Wohlergehen des fremdplatzierten Kindes ist davon abhängig, dass die verschiedenen Systeme analog den vier Flügeln eines Schmetterlings miteinander kooperieren. Um fliegen zu können, braucht der Schmetterling vier intakte Flügel. Wenn sie optimal zusammenspielen, geht es dem Kind gut. Das Schmetterlingsmodell macht begreifbar, welche Kräfte auf ein Kind einwirken, wenn die vier Elternschaften schlecht zusammenarbeiten. Wenn ein Flügel nicht schlägt, stürzt der Schmetterling ab. Das Ursprungsmodell stammt von den beiden Autorinnen Birgit Lattschar und Irmela Wiemann, die dies unter anderem in ihrem Buch «Grundlagen und Praxis der Biografiearbeit» vorstellten. Das Jugendhilfe-Netzwerk Integration entwickelte es weiter und passte es speziell auf die Pflegekindersituation an.

Die UN-Kinderrechtskonvention

Präambel

Die Vertragsstaaten dieses Übereinkommens –

in der Erwägung, dass nach den in der Charta der Vereinten Nationen verkündeten Grundsätzen die Anerkennung der allen Mitgliedern der menschlichen Gesellschaft innewohnenden Würde und der Gleichheit und Unveräusserlichkeit ihrer Rechte die Grundlage von Freiheit, Gerechtigkeit und Frieden in der Welt bildet,

eingedenk dessen, dass die Völker der Vereinten Nationen in der Charta ihren Glauben an die Grundrechte und an Würde und Wert des Menschen bekräftigt und beschlossen haben, den sozialen Fortschritt und bessere Lebensbedingungen in grösserer Freiheit zu fördern,

in der Erkenntnis, dass die Vereinten Nationen in der Allgemeinen Erklärung der Menschenrechte und in den Internationalen Menschenrechtspakten verkündet haben und übereingekommen sind, dass jeder Mensch Anspruch hat auf alle darin verkündeten Rechte und Freiheiten ohne Unterscheidung, etwa nach der Rasse, der Hautfarbe, dem Geschlecht, der Sprache, der Religion, der politischen oder sonstigen Anschauung, der nationalen oder sozialen Herkunft, dem Vermögen, der Geburt oder dem sonstigen Status,

unter Hinweis darauf, dass die Vereinten Nationen in der Allgemeinen Erklärung der Menschenrechte verkündet haben, dass Kinder Anspruch auf besondere Fürsorge und Unterstützung haben,

überzeugt, dass der Familie als Grundeinheit der Gesellschaft und natürlicher Umgebung für das Wachsen und Gedeihen aller ihrer Mitglieder, insbesondere der Kinder, der erforderliche Schutz und Beistand gewährt werden sollte, damit sie ihre Aufgaben innerhalb der Gemeinschaft voll erfüllen kann,

in der Erkenntnis, dass das Kind zur vollen und harmonischen Entfaltung seiner Persönlichkeit in einer Familie und umgeben von Glück, Liebe und Verständnis aufwachsen sollte,

in der Erwägung, dass das Kind umfassend auf ein individuelles Leben in der Gesellschaft vorbereitet und im Geist der in der Charta der Vereinten Nationen verkündeten Ideale und insbesondere im Geist des Friedens, der Würde, der Toleranz, der Freiheit, der Gleichheit und der Solidarität erzogen werden sollte, eingedenk dessen, dass die Notwendigkeit, dem Kind besonderen Schutz zu gewähren, in der Genfer Erklärung von 1924 über die Rechte des Kindes und in der von den Vereinten Nationen 1959 angenommenen Erklärung der Rechte des Kindes ausgesprochen und in der Allgemeinen Erklärung der Menschenrechte, im Internationalen Pakt über bürgerliche und politische Rechte (insbesondere in den Artikeln 23 und 24), im Internationalen Pakt über wirtschaftliche, soziale und kulturelle Rechte (insbesondere in Artikel 10) sowie in den Satzungen und den in Betracht kommenden Dokumenten der Sonderorganisationen und anderen internationalen Organisationen, die sich mit dem Wohl des Kindes befassen, anerkannt worden ist,

eingedenk dessen, dass, wie in der von der Generalversammlung der Vereinten Nationen am 20. November 1959 angenommenen Erklärung der Rechte des Kindes ausgeführt ist, «das Kind wegen seiner mangelnden körperlichen und geistigen Reife besonderen Schutzes und besonderer Fürsorge, insbesondere eines angemessenen rechtlichen Schutzes vor und nach der Geburt, bedarf»,

unter Hinweis auf die Bestimmungen der Erklärungen über die sozialen und rechtlichen Grundsätze für den Schutz und das Wohl von Kindern unter besonderer Berücksichtigung der Aufnahme in eine Pflegefamilie und der Adoption auf nationaler und internationaler Ebene (Resolution 41/85 der Generalversammlung vom 3. Dezember 1986), der Regeln der Vereinten Nationen über die Mindestnormen für die Jugendgerichtsbarkeit («Beijing-Regeln») (Resolution 40/33 der Generalversammlung von 29. November 1985) und der Erklärung über den Schutz von Frauen und Kindern im Ausnahmezustand und bei bewaffneten Konflikten (Resolution 3318 [XXIX] der Generalversammlung vom 14. Dezember 1974),

in der Erkenntnis, dass es in allen Ländern der Welt Kinder gibt, die in ausserordentlich schwierigen Verhältnissen leben, und dass diese Kinder der besonderen Berücksichtigung bedürfen,

unter gebührender Beachtung der Bedeutung der Traditionen und kulturellen Werte jedes Volkes für den Schutz und die harmonische Entwicklung des Kindes,

in Anerkennung der Bedeutung der internationalen Zusammenarbeit für die Verbesserung der Lebensbedingungen der Kinder in allen Ländern, insbesondere den Entwicklungsländern

– haben folgendes vereinbart:

Teil I

Artikel 1

Im Sinne dieses Übereinkommens ist ein Kind jeder Mensch, der das 18. Lebensjahr noch nicht vollendet hat, soweit die Volljährigkeit nach dem auf das Kind anzuwendenden Recht nicht früher eintritt.

Artikel 2

(1) Die Vertragsstaaten achten die in diesem Übereinkommen (3) festgelegten Rechte und gewährleisten sie jedem ihrer Hoheitsgewalt unterstehenden Kind ohne jede Diskriminierung, unabhängig von der Rasse, der Hautfarbe, dem Geschlecht, der Sprache, der Religion, der politischen oder sonstigen Anschauung, der nationalen, ethnischen oder sozialen Herkunft, des Vermögens, einer Behinderung, der Geburt oder des sonstigen Status des Kindes, seiner Eltern oder seines Vormunds.

(2) Die Vertragsstaaten treffen alle geeigneten Massnahmen, um sicherzustellen, dass das Kind vor allen Formen der Diskriminierung oder Bestrafung wegen des Status, der Tätigkeiten, der Meinungsäusserungen oder der Weltanschauung seiner Eltern, seines Vormunds oder seiner Familienangehörigen geschützt wird.

Artikel 3

(1) Bei allen Massnahmen, die Kinder betreffen, gleichviel ob sie von öffentlichen oder privaten Einrichtungen der sozialen Fürsorge, Gerichten, Verwaltungsbehörden oder Gesetzgebungsorganen getroffen werden, ist das Wohl des Kindes ein Gesichtspunkt, der vorrangig zu berücksichtigen ist.

(2) Die Vertragsstaaten verpflichten sich, dem Kind unter Berücksichtigung der Rechte und Pflichten seiner Eltern, seines Vormunds oder anderer für das Kind gesetzlich verantwortlicher Personen den Schutz und die Fürsorge zu gewährleisten, die zu seinem Wohlergehen notwendig sind; zu diesem Zweck treffen sie alle geeigneten Gesetzgebungs- und Verwaltungsmassnahmen.

(3) Die Vertragsstaaten stellen sicher, dass die für die Fürsorge für das Kind oder dessen Schutz verantwortlichen Institutionen, Dienste und Einrichtungen den von den zuständigen Behörden festgelegten Normen entsprechen, insbesondere im Bereich der Sicherheit und der Gesundheit sowie hinsichtlich der Zahl und der fachlichen Eignung des Personals und des Bestehens einer ausreichenden Aufsicht.

Artikel 4
Die Vertragsstaaten treffen alle geeigneten Gesetzgebungs-, Verwaltungs- und sonstige Massnahmen zur Verwirklichung der in diesem Übereinkommen anerkannten Rechte. Hinsichtlich der wirtschaftlichen, sozialen und kulturellen Rechte treffen die Vertragsstaaten derartige Massnahmen, unter Ausschöpfung ihrer verfügbaren Mittel und erforderlichenfalls im Rahmen der internationalen Zusammenarbeit.

Artikel 5
Die Vertragsstaaten achten die Aufgaben, Rechte und Pflichten der Eltern oder gegebenenfalls, soweit nach Ortsbrauch vorgesehen, der Mitglieder der weiteren Familie oder der Gemeinschaft, des Vormunds oder anderer für das Kind gesetzlich verantwortlicher Personen, das Kind bei der Ausübung der in diesem Übereinkommen anerkannten Rechte in einer seiner Entwicklung entsprechenden Weise angemessen zu leiten und zu führen.

Artikel 6
(1) Die Vertragsstaaten erkennen an, dass jedes Kind ein angeborenes Recht auf Leben hat.

(2) Die Vertragsstaaten gewährleisten in grösstmöglichem Umfang das Überleben und die Entwicklung des Kindes.

Artikel 7
(1) Das Kind ist unverzüglich nach seiner Geburt in ein Register einzutragen und hat das Recht auf einen Namen von Geburt an, das Recht, eine Staatsangehörigkeit zu erwerben, und soweit möglich das Recht, seine Eltern zu kennen und von ihnen betreut zu werden.

(2) Die Vertragsstaaten stellen die Verwirklichung dieser Rechte im Einklang mit ihrem innerstaatlichen Recht und mit ihren Verpflichtungen aufgrund der einschlägigen internationalen Übereinkünfte in diesem Bereich sicher, insbesondere für den Fall, dass das Kind sonst staatenlos wäre.

Artikel 8
(1) Die Vertragsstaaten verpflichten sich, das Recht des Kindes zu achten, seine Identität, einschliesslich seiner Staatsangehörigkeit, seines Namens und seiner gesetzlich anerkannten Familienbeziehungen, ohne rechtswidrige Eingriffe zu behalten.

(2) Werden einem Kind widerrechtlich einige oder alle Bestandteile seiner Identität genommen, so gewähren die Vertragsstaaten ihm angemessenen

Beistand und Schutz mit dem Ziel, seine Identität so schnell wie möglich wiederherzustellen.

Artikel 9

(1) Die Vertragsstaaten stellen sicher, dass ein Kind nicht gegen den Willen seiner Eltern von diesen getrennt wird, es sei denn, dass die zuständigen Behörden in einer gerichtlich nachprüfbaren Entscheidung nach den anzuwendenden Rechtsvorschriften und Verfahren bestimmen, dass diese Trennung zum Wohl des Kindes notwendig ist. Eine solche Entscheidung kann im Einzelfall notwendig werden, wie etwa wenn das Kind durch die Eltern misshandelt oder vernachlässigt wird, oder wenn bei getrennt lebenden Eltern eine Entscheidung über den Aufenthaltsort des Kindes zu treffen ist.

(2) In Verfahren nach Absatz 1 ist allen Beteiligten Gelegenheit zu geben, am Verfahren teilzunehmen und ihre Meinung zu äussern.

(3) Die Vertragsstaaten achten das Recht des Kindes, das von einem oder beiden Elternteilen getrennt ist, regelmässige persönliche Beziehungen und unmittelbare Kontakte zu beiden Elternteilen zu pflegen, soweit dies nicht dem Wohl des Kindes widerspricht.

(4) Ist die Trennung Folge einer von einem Vertragsstaat eingeleiteten Massnahme, wie etwa einer Freiheitsentziehung, Freiheitsstrafe, Landesverweisung oder Abschiebung oder des Todes eines oder beider Elternteile oder des Kindes (auch eines Todes, der aus irgendeinem Grund eintritt, während der Betreffende sich in staatlichem Gewahrsam befindet), so erteilt der Vertragsstaat auf Antrag den Eltern, dem Kind oder gegebenenfalls einem anderen Familienangehörigen die wesentlichen Auskünfte über den Verbleib des oder der abwesenden Familienangehörigen, sofern dies nicht dem Wohl des Kindes abträglich wäre. Die Vertragsstaaten stellen ferner sicher, dass allein die Stellung eines solchen Antrags keine nachteiligen Folgen für den oder die Betroffenen hat.

Artikel 10

(1) Entsprechend der Verpflichtung der Vertragsstaaten nach Artikel 9 Absatz 1 werden von einem Kind oder seinen Eltern zwecks Familienzusammenführung gestellte Anträge auf Einreise in einen Vertragsstaat oder Ausreise aus einem Vertragsstaat von den Vertragsstaaten wohlwollend, human und beschleunigt bearbeitet. Die Vertragsstaaten stellen ferner sicher, dass die Stellung eines solchen Antrags keine nachteiligen Folgen für die Antragsteller und deren Familienangehörige hat.

(2) Ein Kind, dessen Eltern ihren Aufenthalt in verschiedenen Staaten haben, hat das Recht, regelmässig persönliche Beziehungen und unmittelbare Kontakte zu beiden Elternteilen zu pflegen, soweit nicht aussergewöhnliche Umstände vorliegen. Zu diesem Zweck achten die Vertragsstaaten entsprechend ihrer Verpflichtung nach Artikel 9 Absatz 2 das Recht des Kindes und seiner Eltern, aus jedem Land, einschliesslich ihres eigenen, auszureisen und in ihr eigenes Land einzureisen. Das Recht auf Ausreise aus einem Land unterliegt nur den gesetzlich vorgesehenen Beschränkungen, die zum Schutz der nationalen Sicherheit, der öffentlichen Ordnung (ordre public), der Volksgesundheit, der öffentlichen Sittlichkeit oder der Rechte und Freiheiten anderer notwendig und mit den anderen in diesem Übereinkommen anerkannten Rechten vereinbar sind.

Artikel 11

(1) Die Vertragsstaaten treffen Massnahmen, um das rechtswidrige Verbringen von Kindern ins Ausland und ihre rechtswidrige Nichtrückgabe zu bekämpfen.

(2) Zu diesem Zweck fördern die Vertragsstaaten den Abschluss zwei- oder mehrseitiger Übereinkünfte oder den Beitritt zu bestehenden Übereinkünften.

Artikel 12

(1) Die Vertragsstaaten sichern dem Kind, das fähig ist, sich eine eigene Meinung zu bilden, das Recht zu, diese Meinung in allen das Kind berührenden Angelegenheiten frei zu äussern, und berücksichtigen die Meinung des Kindes angemessen entsprechend seinem Alter und seiner Reife.

(2) Zu diesem Zweck wird dem Kind insbesondere Gelegenheit gegeben, in allen das Kind berührenden Gerichts- oder Verwaltungsverfahren entweder unmittelbar oder durch einen Vertreter oder eine geeignete Stelle im Einklang mit den innerstaatlichen Verfahrensvorschriften gehört zu werden.

Artikel 13

(1) Das Kind hat das Recht auf freie Meinungsäusserung; dieses Recht schliesst die Freiheit ein, ungeachtet der Staatsgrenzen Informationen und Gedankengut jeder Art in Wort, Schrift oder Druck, durch Kunstwerke oder andere vom Kind gewählte Mittel sich zu beschaffen, zu empfangen und weiterzugeben.

(2) Die Ausübung dieses Rechts kann bestimmten, gesetzlich vorgesehenen Einschränkungen unterworfen werden, die erforderlich sind

a) für die Achtung der Rechte oder des Rufes anderer oder

b) für den Schutz der nationalen Sicherheit, der öffentlichen Ordnung (ordre public), der Volksgesundheit oder der öffentlichen Sittlichkeit.

Artikel 14

(1) Die Vertragsstaaten achten das Recht des Kindes auf Gedanken-, Gewissens- und Religionsfreiheit.

(2) Die Vertragsstaaten achten die Rechte und Pflichten der Eltern und gegebenenfalls des Vormunds, das Kind bei der Ausübung dieses Rechts in einer seiner Entwicklung entsprechenden Weise zu leiten.

(3) Die Freiheit, seine Religion oder Weltanschauung zu bekunden, darf nur den gesetzlich vorgesehenen Einschränkungen unterworfen werden, die zum Schutz der öffentlichen Sicherheit, Ordnung, Gesundheit oder Sittlichkeit (17) oder der Grundrechte und -freiheiten anderer erforderlich sind.

Artikel 15

(1) Die Vertragsstaaten erkennen das Recht des Kindes an, sich frei mit anderen zusammenzuschliessen und sich friedlich zu versammeln.

(2) Die Ausübung dieses Rechts darf keinen anderen als den gesetzlich vorgesehenen Einschränkungen unterworfen werden, die in einer demokratischen Gesellschaft im Interesse der nationalen oder der öffentlichen Sicherheit, der öffentlichen Ordnung (ordre public), zum Schutz der Volksgesundheit oder der öffentlichen Sittlichkeit oder zum Schutz der Rechte und Freiheiten anderer notwendig sind.

Artikel 16

(1) Kein Kind darf willkürlichen oder rechtswidrigen Eingriffen in sein Privatleben, seine Familie, seine Wohnung oder seinen Schriftverkehr oder rechtswidrigen Beeinträchtigungen seiner Ehre und seines Rufes ausgesetzt werden.

(2) Das Kind hat Anspruch auf rechtlichen Schutz gegen solche Eingriffe oder Beeinträchtigungen.

Artikel 17

Die Vertragsstaaten erkennen die wichtige Rolle der Massenmedien an und stellen sicher, dass das Kind Zugang hat zu Informationen und Material aus einer Vielfalt nationaler und internationaler Quellen, insbesondere derjenigen, welche die Förderung seines sozialen, seelischen und sittlichen Wohlergehens sowie seiner körperlichen und geistigen Gesundheit zum Ziel haben. Zu diesem Zweck werden die Vertragsstaaten

a) die Massenmedien ermutigen, Informationen und Material zu verbreiten, die für das Kind von sozialem und kulturellem Nutzen sind und dem Geist des Artikels 29 entsprechen;

b) die internationale Zusammenarbeit bei der Herstellung, beim Austausch und bei der Verbreitung dieser Informationen und dieses Materials aus einer Vielfalt nationaler und internationaler kultureller Quellen fördern;

c) die Herstellung und Verbreitung von Kinderbüchern fördern;

d) die Massenmedien ermutigen, den sprachlichen Bedürfnissen eines Kindes, das einer Minderheit angehört oder Ureinwohner ist, besonders Rechnung zu tragen;

e) die Erarbeitung geeigneter Richtlinien zum Schutz des Kindes vor Informationen und Material, die sein Wohlergehen beeinträchtigen, fördern, wobei die Artikel 13 und 18 zu berücksichtigen sind.

Artikel 18

(1) Die Vertragsstaaten bemühen sich nach besten Kräften, die Anerkennung des Grundsatzes sicherzustellen, dass beide Elternteile gemeinsam für die Erziehung und Entwicklung des Kindes verantwortlich sind. Für die Erziehung und Entwicklung des Kindes sind in erster Linie die Eltern oder gegebenenfalls der Vormund verantwortlich. Dabei ist das Wohl des Kindes ihr Grundanliegen.

(2) Zur Gewährleistung und Förderung der in diesem Übereinkommen festgelegten Rechte unterstützen die Vertragsstaaten die Eltern und den Vormund in angemessener Weise bei der Erfüllung ihrer Aufgabe, das Kind zu erziehen, und sorgen für den Ausbau von Institutionen, Einrichtungen und Diensten für die Betreuung von Kindern.

(3) Die Vertragsstaaten treffen alle geeigneten Massnahmen, um sicherzustellen, dass Kinder berufstätiger Eltern das Recht haben, die für sie in Betracht kommenden Kinderbetreuungsdienste und -einrichtungen zu nutzen.

Artikel 19

(1) Die Vertragsstaaten treffen alle geeigneten Gesetzgebungs-, Verwaltungs-, Sozial- und Bildungsmassnahmen, um das Kind vor jeder Form körperlicher oder geistiger Gewaltanwendung, Schadenszufügung oder Misshandlung, vor Verwahrlosung oder Vernachlässigung, vor schlechter Behandlung oder Ausbeutung einschliesslich des sexuellen Missbrauchs zu

schützen, solange es sich in der Obhut der Eltern oder eines Elternteils, eines Vormundes oder anderen gesetzlichen Vertreters oder einer anderen Person befindet, die das Kind betreut.

(2) Diese Schutzmassnahmen sollen je nach den Gegebenheiten wirksame Verfahren zur Aufstellung von Sozialprogrammen enthalten, die dem Kind und denen, die es betreuten, die erforderliche Unterstützung gewähren und andere Formen der Vorbeugung vorsehen sowie Massnahmen zur Aufdeckung, Meldung, Weiterverweisung, Untersuchung, Behandlung und Nachbetreuung in den in Absatz 1 beschriebenen Fällen schlechter Behandlung von Kindern und gegebenenfalls für das Einschreiten der Gerichte.

Artikel 20

(1) Ein Kind, das vorübergehend oder dauernd aus seiner familiären Umgebung herausgelöst wird oder dem der Verbleib in dieser Umgebung im eigenen Interesse nicht gestattet werden kann, hat Anspruch auf den besonderen Schutz und Beistand des Staates.

(2) Die Vertragsstaaten stellen nach Massgabe ihres innerstaatlichen Rechts andere Formen der Betreuung eines solchen Kindes sicher.

(3) Als andere Form der Betreuung kommt unter anderem die Aufnahme in eine Pflegefamilie, die Kafala nach islamischem Recht, die Adoption oder, falls erforderlich, die Unterbringung in einer geeigneten Kinderbetreuungseinrichtung in Betracht. Bei der Wahl zwischen diesen Lösungen sind die erwünschte Kontinuität in der Erziehung des Kindes sowie die ethnische, religiöse, kulturelle und sprachliche Herkunft des Kindes gebührend zu berücksichtigen.

Artikel 21

Die Vertragsstaaten, die das System der Adoption anerkennen oder zulassen, gewährleisten, dass dem Wohl des Kindes bei der Adoption die höchste Bedeutung zugemessen wird; die Vertragsstaaten

a) stellen sicher, dass die Adoption eines Kindes nur durch die zuständigen Behörden bewilligt wird, die nach den anzuwendenden Rechtsvorschriften und Verfahren und auf der Grundlage aller verlässlichen einschlägigen Informationen entscheiden, dass die Adoption angesichts des Status des Kindes in Bezug auf Eltern, Verwandte und einen Vormund zulässig ist und dass, soweit dies erforderlich ist, die betroffenen Personen in Kenntnis der Sachlage und auf der Grundlage einer gegebenenfalls erforderlichen Beratung der Adoption zugestimmt haben;

b) erkennen an, dass die internationale Adoption als andere Form der Betreuung angesehen werden kann, wenn das Kind nicht in seinem Heimatland in einer Pflege- oder Adoptionsfamilie untergebracht oder wenn es dort nicht in geeigneter Weise betreut werden kann;

c) stellen sicher, dass das Kind im Falle einer internationalen Adoption in den Genuss der für nationale Adoptionen geltenden Schutzvorschriften und Normen kommt;

d) treffen alle geeigneten Massnahmen, um sicherzustellen, dass bei internationaler Adoption für die Beteiligten keine unstatthafte Vermögensvorteile entstehen;

e) fördern die Ziele dieses Artikels gegebenenfalls durch den Abschluss zwei- oder mehrseitiger Übereinkünfte und bemühen sich in diesem Rahmen sicherzustellen, dass die Unterbringung des Kindes in einem anderen Land durch die zuständigen Behörden oder Stellen durchgeführt wird.

Artikel 22

(1) Die Vertragsstaaten treffen geeignete Massnahmen, um sicherzustellen, dass ein Kind, das die Rechtsstellung eines Flüchtlings begehrt oder nach Massgabe der anzuwendenden Regeln und Verfahren des Völkerrechts oder des innerstaatlichen Rechts als Flüchtling angesehen wird, angemessenen Schutz und humanitäre Hilfe bei der Wahrnehmung der Rechte erhält, die in diesem Übereinkommen oder in anderen internationalen Übereinkünften über Menschenrechte oder über humanitäre Fragen, denen die genannten Staaten als Vertragsparteien angehören, festgelegt sind, und zwar unabhängig davon, ob es sich in Begleitung seiner Eltern oder einer anderen Person befindet oder nicht.

(2) Zu diesem Zweck wirken die Vertragsstaaten in der ihnen angemessen erscheinenden Weise bei allen Bemühungen mit, welche die Vereinten Nationen und andere zuständige zwischenstaatliche oder nichtstaatliche Organisationen, die mit den Vereinten Nationen zusammenarbeiten, unternehmen, um ein solches Kind zu schützen, um ihm zu helfen und um die Eltern oder andere Familienangehörige eines Flüchtlingskinds ausfindig zu machen mit dem Ziel, die für eine Familienzusammenführung notwendigen Informationen zu erlangen. Können die Eltern oder andere Familienangehörige nicht ausfindig gemacht werden, so ist dem Kind im Einklang mit den in diesem Übereinkommen enthaltenen Grundsätzen derselbe Schutz zu gewähren

wie jedem anderen Kind, das aus irgendeinem Grund dauernd oder vorübergehend aus seiner familiären Umgebung herausgelöst ist.

Artikel 23

(1) Die Vertragsstaaten erkennen an, dass ein geistig oder körperlich behindertes Kind ein erfülltes und menschenwürdiges Leben unter Bedingungen führen soll, welche die Würde des Kindes wahren, seine Selbständigkeit fördern und seine aktive Teilnahme am Leben der Gemeinschaft erleichtern.

(2) Die Vertragsstaaten erkennen das Recht des behinderten Kindes auf besondere Betreuung an und treten dafür ein und stellen sicher, dass dem behinderten Kind und den für seine Betreuung Verantwortlichen im Rahmen der verfügbaren Mittel auf Antrag die Unterstützung zuteil wird, die dem Zustand des Kindes sowie den Lebensumständen der Eltern oder anderer Personen, die das Kind betreuen, angemessen ist.

(3) In Anerkennung der besonderen Bedürfnisse eines behinderten Kindes ist die nach Absatz 2 gewährte Unterstützung soweit irgend möglich und unter Berücksichtigung der finanziellen Mittel der Eltern oder anderer Personen, die das Kind betreuen, unentgeltlich zu leisten und so zu gestalten, dass sichergestellt ist, dass Erziehung, Ausbildung, Gesundheitsdienste, Rehabilitationsdienste, Vorbereitung auf das Berufsleben und Erholungsmöglichkeiten dem behinderten Kind tatsächlich in einer Weise zugänglich sind, die der möglichst vollständigen sozialen Integration und individuellen Entfaltung des Kindes einschliesslich seiner kulturellen und geistigen Entwicklung förderlich ist.

(4) Die Vertragsstaaten fördern im Geist der internationalen Zusammenarbeit den Austausch sachdienlicher Informationen im Bereich der Gesundheitsvorsorge und der medizinischen, psychologischen und funktionellen Behandlung behinderten Kinder einschliesslich der Verbreitung von Informationen über Methoden der Rehabilitationserziehung und der Berufsausbildung und des Zugangs zu solchen Informationen, um es den Vertragsstaaten zu ermöglichen, in diesen Bereichen ihre Fähigkeiten und ihr Fachwissen zu verbessern und weitere Erfahrungen zu sammeln. Dabei sind die Bedürfnisse der Entwicklungsländer besonders zu berücksichtigen.

Artikel 24

(1) Die Vertragsstaaten erkennen das Recht des Kindes auf das erreichbare Höchstmass an Gesundheit an sowie auf Inanspruchnahme von Einrichtungen zur Behandlung von Krankheiten und zur Wiederherstellung der Gesund-

heit. Die Vertragsstaaten bemühen sich sicherzustellen, dass keinem Kind das Recht auf Zugang zu derartigen Gesundheitsdiensten vorenthalten wird.

(2) Die Vertragsstaaten bemühen sich, die volle Verwirklichung dieses Rechts sicherzustellen, und treffen insbesondere geeignete Massnahmen, um

a) die Säuglings- und Kindersterblichkeit zu verringern;

b) sicherzustellen, dass alle Kinder die notwendige ärztliche Hilfe und Gesundheitsfürsorge erhalten, wobei besonderer Nachdruck auf den Ausbau der gesundheitlichen Grundversorgung gelegt wird;

c) Krankheiten sowie Unter- und Fehlernährung auch im Rahmen der gesundheitlichen Grundversorgung zu bekämpfen, unter anderem durch den Einsatz leicht zugänglicher Technik und durch die Bereitstellung ausreichender vollwertiger Nahrungsmittel und sauberen Trinkwassers, wobei die Gefahren und Risiken der Umweltverschmutzung zu berücksichtigen sind;

d) eine angemessene Gesundheitsfürsorge für Mütter vor und nach der Entbindung sicherzustellen;

e) sicherzustellen, dass allen Teilen der Gesellschaft, insbesondere Eltern und Kindern, Grundkenntnisse über die Gesundheit und Ernährung des Kindes, die Vorteile des Stillens, die Hygiene und die Sauberhaltung der Umwelt sowie die Unfallverhütung vermittelt werden und dass sie bei der Anwendung dieser Grundkenntnisse Unterstützung erhalten;

f) die Gesundheitsvorsorge, die Elternberatung sowie die Aufklärung und die Dienste auf dem Gebiet der Familienplanung auszubauen.

(3) Die Vertragsstaaten treffen alle wirksamen und geeigneten Massnahmen, um überlieferte Bräuche, die für die Gesundheit der Kinder schädlich sind, abzuschaffen.

(4) Die Vertragsstaaten verpflichten sich, die internationale Zusammenarbeit zu unterstützen und zu fördern, um fortschreitend die volle Verwirklichung des in diesem Artikel anerkannten Rechts zu erreichen. Dabei sind die Bedürfnisse der Entwicklungsländer besonders zu berücksichtigen.

Artikel 25

Die Vertragsstaaten erkennen an, dass ein Kind, das von den zuständigen Behörden wegen einer körperlichen oder geistigen Erkrankung zur Betreuung, zum Schutz der Gesundheit oder zur Behandlung untergebracht worden ist, das Recht hat auf eine regelmässige Überprüfung der dem Kind gewährten Behandlung sowie aller anderen Umstände, die für seine Unterbringung von Belang sind.

Artikel 26

(1) Die Vertragsstaaten erkennen das Recht jedes Kindes auf Leistungen der sozialen Sicherheit einschliesslich der Sozialversicherung an und treffen die erforderlichen Massnahmen, um die volle Verwirklichung dieses Rechts in Übereinstimmung mit dem innerstaatlichen Recht sicherzustellen.

(2) Die Leistungen sollen gegebenenfalls unter Berücksichtigung der wirtschaftlichen Verhältnisse und der sonstigen Umstände des Kindes und der Unterhaltspflichtigen sowie anderer für die Beantragung von Leistungen durch das Kind oder im Namen des Kindes massgeblicher Gesichtspunkte gewährt werden.

Artikel 27

(1) Die Vertragsstaaten erkennen das Recht jedes Kindes auf einen seiner körperlichen, geistigen, seelischen, sittlichen und sozialen Entwicklung angemessenen Lebensstandard an.

(2) Es ist in erster Linie Aufgabe der Eltern oder anderer für das Kind verantwortlicher Personen, im Rahmen ihrer Fähigkeiten und finanziellen Möglichkeiten die für die Entwicklung des Kindes notwendigen Lebensbedingungen sicherzustellen.

(3) Die Vertragsstaaten treffen gemäss ihren innerstaatlichen Verhältnissen und im Rahmen ihrer Mittel geeignete Massnahmen, um den Eltern und anderen für das Kind verantwortlichen Personen bei der Verwirklichung dieses Rechts zu helfen, und sehen bei Bedürftigkeit materielle Hilfs- und Unterstützungsprogramme insbesondere im Hinblick auf Ernährung, Bekleidung und Wohnung vor.

(4) Die Vertragsstaaten treffen alle geeigneten Massnahmen, um die Geltendmachung von Unterhaltsansprüchen des Kindes gegenüber den Eltern oder anderen finanziell für das Kind verantwortlichen Personen sowohl innerhalb des Vertragsstaats als auch im Ausland sicherzustellen. Insbesondere fördern die Vertragsstaaten, wenn die für das Kind finanziell verantwortliche Person in einem anderen Staat lebt als das Kind, den Beitritt zu internationalen Übereinkünften oder den Abschluss solcher Übereinkünfte sowie andere geeignete Regelungen.

Artikel 28

(1) Die Vertragsstaaten erkennen das Recht des Kindes auf Bildung an; um die Verwirklichung dieses Rechts auf der Grundlage der Chancengleichheit fortschreitend zu erreichen, werden sie insbesondere

a) den Besuch der Grundschule für alle zur Pflicht und unentgeltlich machen;

b) die Entwicklung verschiedener Formen der weiterführenden Schulen allgemeinbildender und berufsbildender Art fördern, diese allen Kindern verfügbar und zugänglich machen und geeignete Massnahmen wie die Einführung der Unentgeltlichkeit und die Bereitstellung finanzieller Unterstützung bei Bedürftigkeit treffen;

c) allen entsprechend ihren Fähigkeiten den Zugang zu den Hochschulen mit allen geeigneten Mitteln ermöglichen;

d) Bildungs- und Berufsberatung allen Kindern verfügbar und zugänglich machen;

e) Massnahmen treffen, die den regelmässigen Schulbesuch fördern und den Anteil derjenigen, welche die Schule vorzeitig verlassen, verringern.

(2) Die Vertragsstaaten treffen alle geeigneten Massnahmen, um sicherzustellen, dass die Disziplin in der Schule in einer Weise gewahrt wird, die der Menschenwürde des Kindes entspricht und im Einklang mit diesem Übereinkommen steht.

(3) Die Vertragsstaaten fördern die internationale Zusammenarbeit im Bildungswesen, insbesondere um zur Beseitigung von Unwissenheit und Analphabetentum in der Welt beizutragen und den Zugang zu wissenschaftlichen und technischen Kenntnissen und modernen Unterrichtsmethoden zu erleichtern. Dabei sind die Bedürfnisse der Entwicklungsländer besonders zu berücksichtigen.

Artikel 29

(1) Die Vertragsstaaten stimmen darin überein, dass die Bildung des Kindes darauf gerichtet sein muss,

a) die Persönlichkeit, die Begabung und die geistigen und körperlichen Fähigkeiten des Kindes voll zur Entfaltung zu bringen;

b) dem Kind Achtung vor den Menschenrechten und Grundfreiheiten und den in der Charta der Vereinten Nationen verankerten Grundsätzen zu vermitteln;

c) dem Kind Achtung vor seinen Eltern, seiner kulturellen Identität, seiner Sprache und seinen kulturellen Werten, den nationalen Werten des Landes, in dem es lebt, und gegebenenfalls des Landes, aus dem es stammt, sowie vor anderen Kulturen als der eigenen zu vermitteln;

d) das Kind auf ein verantwortungsbewusstes Leben in einer freien Gesellschaft im Geist der Verständigung, des Friedens, der Toleranz, der Gleichberechtigung der Geschlechter und der Freundschaft zwischen allen Völkern und ethnischen, nationalen und religiösen Gruppen sowie zu Ureinwohnern vorzubereiten;

e) dem Kind Achtung vor der natürlichen Umwelt zu vermitteln.

(2) Dieser Artikel und Artikel 28 dürfen nicht so ausgelegt werden, dass sie die Freiheit natürlicher oder juristischer Personen beeinträchtigen, Bildungseinrichtungen zu gründen und zu führen, sofern die in Absatz 1 festgelegten Grundsätze beachtet werden und die in solchen Einrichtungen vermittelte Bildung den von dem Staat gegebenenfalls festgelegten Mindestnormen entspricht.

Artikel 30

In Staaten, in denen es ethnische, religiöse oder sprachliche Minderheiten oder Ureinwohner gibt, darf einem Kind, das einer solchen Minderheit angehört oder Ureinwohner ist, nicht das Recht vorenthalten werden, in Gemeinschaft mit anderen Angehörigen seiner Gruppe seine eigene Kultur zu pflegen, sich zu seine eigenen Religion zu bekennen und sie auszuüben oder seiner eigene Sprache zu verwenden.

Artikel 31

(1) Die Vertragsstaaten erkennen das Recht des Kindes auf Ruhe und Freizeit an, auf Spiel und altersgemässe aktive Erholung sowie auf freie Teilnahme am kulturellen und künstlerischen Leben.

(2) Die Vertragsstaaten achten und fördern das Recht des Kindes auf volle Beteiligung am kulturellen und künstlerischen Leben und fördern die Bereitstellung geeigneter und gleicher Möglichkeit für die kulturelle und künstlerische Betätigung sowie für aktive Erholung und Freizeitbeschäftigung.

Artikel 32

(1) Die Vertragsstaaten erkennen das Recht des Kindes an, vor wirtschaftlicher Ausbeutung geschützt und nicht zu einer Arbeit herangezogen zu werden, die Gefahren mit sich bringen, die Erziehung des Kindes behindern oder die Gesundheit des Kindes oder seine körperliche, geistige, seelische, sittliche oder soziale Entwicklung schädigen könnte.

(2) Die Vertragsstaaten treffen Gesetzgebungs-, Verwaltungs-, Sozial- und Bildungsmassnahmen, um die Durchführung dieses Artikels sicherzustellen. Zu diesem Zweck und unter Berücksichtigung der einschlägigen Bestimmungen anderer internationalen Übereinkünfte werden die Vertragsstaaten insbesondere

a) ein oder mehrere Mindestalter für die Zulassung zur Arbeit festlegen;

b) eine angemessene Regelung der Arbeitszeit und der Arbeitsbedingungen vorsehen;

c) angemessene Strafen oder andere Sanktionen zur wirksamen Durchsetzung dieses Artikels vorsehen.

Artikel 33

Die Vertragsstaaten treffen alle geeigneten Massnahmen einschliesslich Gesetzgebungs-, Verwaltungs-, Sozial- und Bildungsmassnahmen, um Kinder vor dem unerlaubten Gebrauch von Suchtstoffen und psychotropen Stoffen im Sinne der diesbezüglichen internationalen Übereinkünfte zu schützen und den Einsatz von Kindern bei der unerlaubten Herstellung dieser Stoffe und beim unerlaubten Verkehr mit diesen Stoffen zu verhindern.

Artikel 34

Die Vertragsstaaten verpflichten sich, das Kind vor allen Formen sexueller Ausbeutung und sexuellen Missbrauchs zu schützen. Zu diesem Zweck treffen die Vertragsstaaten insbesondere alle geeigneten innerstaatlichen, zweiseitigen und mehrseitigen Massnahmen, um zu verhindern, dass Kinder

a) zur Beteiligung an rechtswidrigen sexuellen Handlungen verleitet oder gezwungen werden;

b) für die Prostitution oder andere rechtswidrige sexuelle Praktiken ausgebeutet werden;

c) für pornographische Darbietungen und Darstellungen ausgebeutet werden.

Artikel 35

Die Vertragsstaaten treffen alle geeigneten innerstaatlichen, zweiseitigen und mehrseitigen Massnahmen, um die Entführung und den Verkauf von Kindern sowie den Handel mit Kindern zu irgendeinem Zweck und in irgendeiner Form zu verhindern.

Artikel 36

Die Vertragsstaaten schützen das Kind vor allen sonstigen Formen der Ausbeutung, die das Wohl des Kindes in irgendeiner Weise beeinträchtigen.

Artikel 37

Die Vertragsstaaten stellen sicher,

a) dass kein Kind der Folter oder einer anderen grausamen, unmenschlichen oder erniedrigenden Behandlung oder Strafe unterworfen wird. Für Straftaten, die von Personen vor Vollendung des 18. Lebensjahrs begangen worden sind, darf weder die Todesstrafe noch lebenslange Freiheitsstrafe ohne die Möglichkeit vorzeitiger Entlassung verhängt werden;

b) dass keinem Kind die Freiheit rechtswidrig oder willkürlich entzogen wird. Festnahme, Freiheitsentziehung oder Freiheitsstrafe darf bei einem Kind im Einklang mit dem Gesetz nur als letztes Mittel und für die kürzeste angemessene Zeit angewendet werden;

c) dass jedes Kind, dem die Freiheit entzogen ist, menschlich und mit Achtung vor der dem Menschen innewohnenden Würde und unter Berücksichtigung der Bedürfnisse von Personen seines Alters behandelt wird. Insbesondere ist jedes Kind, dem die Freiheit entzogen ist, von Erwachsenen zu trennen, sofern nicht ein anderes Vorgehen als dem Wohl des Kindes dienlich erachtet wird; jedes Kind hat das Recht, mit seiner Familie durch Briefwechsel und Besuche in Verbindung zu bleiben, sofern nicht aussergewöhnliche Umstände vorliegen;

d) dass jedes Kind, dem die Freiheit entzogen ist, das Recht auf umgehenden Zugang zu einem rechtskundigen oder anderen geeigneten Beistand und das Recht hat, die Rechtmässigkeit der Freiheitsentziehung bei einem Gericht oder einer anderen zuständigen, unabhängigen und unparteiischen Behörde anzufechten, sowie das Recht auf alsbaldige Entscheidung in einem solchen Verfahren.

Artikel 38

(1) Die Vertragsstaaten verpflichten sich, die für sie verbindlichen Regeln des in bewaffneten Konflikten anwendbaren humanitären Völkerrechts, die für das Kind Bedeutung haben, zu beachten und für deren Beachtung zu sorgen.

(2) Die Vertragsstaaten treffen alle durchführbaren Massnahmen, um sicherzustellen, dass Personen, die das 15. Lebensjahr noch nicht vollendet haben, nicht unmittelbar an Feindseligkeiten teilnehmen.

(3) Die Vertragsstaaten nehmen davon Abstand, Personen, die das 15. Lebensjahr noch nicht vollendet haben, zu ihren Streitkräften einzuziehen. Werden Personen zu den Streitkräften eingezogen, die zwar das 15., nicht aber das 18. Lebensjahr vollendet haben, so bemühen sich die Vertragsstaaten vorrangig, die jeweils ältesten einzuziehen.

(4) Im Einklang mit ihren Verpflichtungen nach dem humanitären Völkerrecht, die Zivilbevölkerung in bewaffneten Konflikten zu schützen, treffen die Vertragsstaaten alle durchführbaren Massnahmen, um sicherzustellen, dass von einem bewaffneten Konflikt betroffene Kinder geschützt und betreut werden.

Artikel 39

Die Vertragsstaaten treffen alle geeigneten Massnahmen, um die physische und psychische Genesung und die soziale Wiedereingliederung eines Kindes zu fördern, das Opfer irgendeiner Form von Vernachlässigung, Ausbeutung oder Misshandlung, der Folter oder einer anderen Form grausamer, unmenschlicher oder erniedrigender Behandlung oder Strafe oder aber bewaffneter Konflikte geworden ist. Die Genesung und Wiedereingliederung müssen in einer Umgebung stattfinden, die der Gesundheit, der Selbstachtung und der Würde des Kindes förderlich ist.

Artikel 40

(1) Die Vertragsstaaten erkennen das Recht jedes Kindes an, das der Verletzung der Strafgesetze verdächtigt, beschuldigt oder überführt wird, in einer Weise behandelt zu werden, die das Gefühl des Kindes für die eigene Würde und den eigenen Wert fördert, seine Achtung vor den Menschenrechten und Grundfreiheiten anderer stärkt und das Alter des Kindes sowie die Notwendigkeit berücksichtigt, seiner sozialen Wiedereingliederung sowie die Übernahme einer konstruktiven Rolle in der Gesellschaft durch das Kind zu fördern.

(2) Zu diesem Zweck stellen die Vertragsstaaten unter Berücksichtigung der einschlägigen Bestimmungen internationaler Übereinkünfte insbesondere sicher,

a) dass kein Kind wegen Handlungen oder Unterlassungen, die zur Zeit ihrer Begehung nach innerstaatlichem Recht oder Völkerrecht nicht verboten waren, der Verletzung der Strafgesetze verdächtigt, beschuldigt oder überführt wird;

b) dass jedes Kind, das einer Verletzung der Strafgesetze verdächtigt oder beschuldigt wird, Anspruch auf folgende Mindestgarantien hat:

I) bis zum gesetzlichen Nachweis der Schuld als unschuldig zu gelten,

II) unverzüglich und unmittelbar über die gegen das Kind erhobenen Beschuldigungen unterrichtet zu werden, gegebenenfalls durch seine Eltern oder seinen Vormund, und einen rechtskundigen oder anderen geeigneten Beistand zur Vorbereitung und Wahrnehmung seiner Verteidigung zu erhalten,

III) seine Sache unverzüglich durch eine zuständige Behörde oder ein zuständiges Gericht, die unabhängig und unparteiisch sind, in einem fairen Verfahren entsprechend dem Gesetz entscheiden zu lassen, und zwar in Anwesenheit eines rechtskundigen oder anderen geeigneten Beistands sowie – sofern dies nicht insbesondere in Anbetracht des Alters oder der Lage des Kindes als seinem Wohl widersprechend angesehen wird – in Anwesenheit seiner Eltern oder seines Vormunds,

IV) nicht gezwungen zu werden, als Zeuge auszusagen oder sich schuldig zu bekennen, sowie die Belastungszeugen zu befragen oder befragen zu lassen und das Erscheinen und die Vernehmung der Entlastungszeugen unter gleichen Bedingungen zu erwirken,

V) wenn es einer Verletzung der Strafgesetze überführt ist, diese Entscheidung und alle als Folge davon verhängten Massnahmen durch eine zuständige übergeordnete Behörde oder ein zuständiges höheres Gericht, die unabhängig und unparteiisch sind, entsprechend dem Gesetz nachprüfen zu lassen,

VI) die unentgeltliche Hinzuziehung eines Dolmetschers zu verlangen, wenn das Kind die Verhandlungssprache nicht versteht oder spricht,

VII) sein Privatleben in allen Verfahrensabschnitten voll geachtet zu sehen.

(3) Die Vertragsstaaten bemühen sich, den Erlass von Gesetzen sowie die Schaffung von Verfahren, Behörden und Einrichtungen zu fördern, die besonders für Kinder, die einer Verletzung der Strafgesetze verdächtigt, beschuldigt oder überführt werden, gelten oder zuständig sind, insbesondere

a) legen sie ein Mindestalter fest, das ein Kind erreicht haben muss, um als strafmündig angesehen zu werden,

b) treffen sie, soweit dies angemessen und wünschenswert ist, Massnahmen, um den Fall ohne ein gerichtliches Verfahren zu regeln, wobei jedoch die Menschenrechte und die Rechtsgarantien uneingeschränkt beachtet werden müssen.

(4) Um sicherzustellen, dass Kinder in einer Weise behandelt werden, die ihrem Wohl dienlich ist und ihren Umständen sowie der Straftat entspricht, werden eine Vielzahl von Vorkehrungen zur Verfügung stehen, wie Anordnungen über Betreuung, Anleitung und Aufsicht, wie Beratung, Entlassung auf Bewährung, Aufnahme in eine Pflegefamilie, Bildungs- und Berufsbildungsprogramme und andere Alternativen zur Heimerziehung.

Artikel 41

Dieses Übereinkommen lässt zur Verwirklichung der Rechte des Kindes besser geeignete Bestimmungen unberührt, die enthalten sind

a) im Recht eines Vertragsstaates oder

b) in dem für diesen Staat geltenden Völkerrecht.

Teil II

Artikel 42

Die Vertragsstaaten verpflichten sich, die Grundsätze und Bestimmungen dieses Übereinkommens durch geeignete und wirksame Massnahmen bei Erwachsenen und auch bei Kindern allgemein bekannt zu machen.

Artikel 43

(1) Zur Prüfung der Fortschritte, welche die Vertragsstaaten bei der Erfüllung der in diesem Übereinkommen eingegangenen Verpflichtungen gemacht haben, wird ein Ausschuss für die Rechte des Kindes eingesetzt, der die nachstehend festgelegten Aufgaben wahrnimmt.

(2) Der Ausschuss besteht aus zehn Sachverständigen von hohem sittlichem Ansehen und anerkannter Sachkenntnis auf dem von diesem Übereinkommen erfassten Gebiet. Die Mitglieder des Ausschusses werden von den Vertragsstaaten unter ihren Staatsangehörigen ausgewählt und sind in persönlicher Eigenschaft tätig, wobei auf eine gerechte geographische Verteilung zu achten ist sowie die hauptsächlichen Rechtssysteme zu berücksichtigen sind.

(3) Die Mitglieder des Ausschusses werden in geheimer Wahl aus einer Liste von Personen gewählt, die von den Vertragsstaaten vorgeschlagen worden sind. Jeder Vertragsstaat kann einen seiner eigenen Staatsangehörigen vorschlagen.

(4) Die Wahl des Ausschusses findet zum erstenmal spätestens sechs Monate nach Inkrafttreten dieses Übereinkommens und danach alle zwei Jahre statt. Spätestens vier Monate vor jeder Wahl fordert der Generalsekretär der Vereinten Nationen die Vertragsstaaten schriftlich auf, ihre Vorschläge innerhalb von zwei Monaten einzureichen. Der Generalsekretär fertigt sodann eine alphabetische Liste aller auf diese Weise vorgeschlagenen Personen unter Angabe der Vertragsstaaten, die sie vorgeschlagen haben, an und übermittelt sie den Vertragsstaaten.

(5) Die Wahlen finden auf vom Generalsekretär am Sitz der Vereinten Nationen einberufenen Tagungen der Vertragsstaaten statt. Auf diesen Tagungen, die beschlussfähig sind, wenn zwei Drittel der Vertragsstaaten vertreten sind, gelten die Kandidaten als in den Ausschuss gewählt, welche die höchste Stimmenzahl und die absolute Stimmenmehrheit der anwesenden und abstimmenden Vertreter der Vertragsstaaten auf sich vereinigen.

(6) Die Ausschussmitglieder werden für vier Jahre gewählt. Auf erneuten Vorschlag können sie wiedergewählt werden. Die Amtszeit von fünf der bei der ersten Wahl gewählten Mitglieder läuft nach zwei Jahren ab; unmittelbar nach der ersten Wahl werden die Namen dieser fünf Mitglieder vom Vorsitzenden der Tagung durch das Los bestimmt.

(7) Wenn ein Ausschussmitglied stirbt oder zurücktritt oder erklärt, dass es aus anderen Gründen die Aufgaben des Ausschusses nicht mehr wahrnehmen kann, ernennt der Vertragsstaat, der das Mitglied vorgeschlagen hat, für die verbleibende Amtszeit mit Zustimmung des Ausschusses einen anderen unter seinen Staatsangehörigen ausgewählten Sachverständigen.

(8) Der Ausschuss gibt sich eine Geschäftsordnung.

(9) Der Ausschuss wählt seinen Vorstand für zwei Jahre.

(10) Die Tagungen des Ausschusses finden in der Regel am Sitz der Vereinten Nationen oder an einem anderen vom Ausschuss bestimmten geeigneten Ort statt. Der Ausschuss tritt in der Regel einmal jährlich zusammen. Die Dauer der Ausschusstagungen wird auf einer Tagung der Vertragsstaaten mit Zustimmung der Generalversammlung festgelegt und wenn nötig geändert.

(11) Der Generalsekretär der Vereinten Nationen stellt dem Ausschuss das Personal und die Einrichtungen zur Verfügung, die dieser zur wirksamen Wahrnehmung seiner Aufgaben nach diesem Übereinkommen benötigt.

(12) Die Mitglieder des nach diesem Übereinkommen eingesetzten Ausschusses erhalten mit Zustimmung der Generalversammlung Bezüge aus Mitteln der Vereinten Nationen zu den von der Generalversammlung zu beschliessenden Bedingungen.

Artikel 44

(1) Die Vertragsstaaten verpflichten sich, dem Ausschuss über den Generalsekretär der Vereinten Nationen Berichte über die Massnahmen, die sie zur Verwirklichung der in diesem Übereinkommen anerkannten Rechte getroffen haben, und über die dabei erzielten Fortschritte vorzulegen, und zwar

a) innerhalb von zwei Jahren nach Inkrafttreten des Übereinkommens für den betreffenden Vertragsstaat,

b) danach alle fünf Jahre.

(2) In den nach diesem Artikel erstatteten Berichten ist auf etwa bestehende Umstände und Schwierigkeiten hinzuweisen, welche die Vertragsstaaten daran hindern, die in diesem Übereinkommen vorgesehenen Verpflichtungen voll zu erfüllen. Die Berichte müssen auch ausreichende Angaben enthalten, die dem Ausschuss ein umfassendes Bild von der Durchführung des Übereinkommens in dem betreffenden Land vermitteln.

(3) Ein Vertragsstaat, der dem Ausschuss einen ersten umfassenden Bericht vorgelegt hat, braucht in seinen nach Absatz 1 Buchstabe b vorgelegten späteren Berichten die früher mitgeteilten grundlegenden Angaben nicht zu wiederholen.

(4) Der Ausschuss kann die Vertragsstaaten um weitere Angaben über die Durchführung des Übereinkommens ersuchen.

(5) Der Ausschuss legt der Generalversammlung der Vereinten Nationen über den Wirtschafts- und Sozialrat alle zwei Jahre einen Tätigkeitsbericht vor.

(6) Die Vertragsstaaten sorgen für eine weite Verbreitung ihrer Berichte im eigenen Land.

Artikel 45

Um die wirksame Durchführung dieses Übereinkommens und die internationale Zusammenarbeit auf dem von dem Übereinkommen erfassten Gebiet zu fördern,

a) haben die Sonderorganisationen, UNICEF und andere Organe der Vereinten Nationen das Recht, bei der Erörterung der Durchführung derjenigen Bestimmungen des Übereinkommens vertreten zu sein, die in ihren Aufgabenbereich fallen. Der Ausschuss kann, wenn er dies für angebracht hält, die Sonderorganisationen, UNICEF und andere zuständige Stellen einladen, sachkundige Stellungnahmen zur Durchführung des Übereinkommens auf Gebieten abzugeben, die in ihren jeweiligen Aufgabenbereich fallen. Der Ausschuss kann die Sonderorganisationen, UNICEF und andere Organe der Vereinten Nationen einladen, ihm Berichte über die Durchführung des Übereinkommens auf Gebieten vorzulegen, die in ihren Tätigkeitsbereich fallen;

b) übermittelt der Ausschuss, wenn er dies für angebracht hält, den Sonderorganisationen, UNICEF und anderen zuständigen Stellen Berichte der Vertragsstaaten, die ein Ersuchen um fachliche Beratung oder Unterstützung oder einen Hinweis erhalten, dass ein diesbezügliches Bedürfnis besteht; etwaige Bemerkungen und Vorschläge des Ausschusses zu diesen Ersuchen oder Hinweisen werden beigefügt;

c) kann der Ausschuss der Generalversammlung empfehlen, den Generalsekretär zu ersuchen, für den Ausschuss Untersuchungen über Fragen im Zusammenhang mit den Rechten des Kindes durchzuführen;

d) kann der Ausschuss aufgrund der Angaben, die er nach den Artikeln 44 und 45 erhalten hat, Vorschläge und allgemeine Empfehlungen unterbreiten. Diese Vorschläge und allgemeinen Empfehlungen werden den betroffenen Vertragsstaaten übermittelt und der Generalversammlung zusammen mit etwaigen Bemerkungen der Vertragsstaaten vorgelegt.

Teil III

Artikel 46

Dieses Übereinkommen liegt für alle Staaten zur Unterzeichnung auf.

Artikel 47

Dieses Übereinkommen bedarf der Ratifikation. Die Ratifikationsurkunden werden beim Generalsekretär der Vereinten Nationen hinterlegt.

Artikel 48

Dieses Übereinkommen steht allen Staaten zum Beitritt offen. Die Beitrittsurkunden werden beim Generalsekretär der Vereinten Nationen hinterlegt.

Artikel 49

(1) Dieses Übereinkommen tritt am dreissigsten Tag nach Hinterlegung der zwanzigsten Ratifikations- oder Beitrittsurkunde beim Generalsekretär der Vereinten Nationen in Kraft.

(2) Für jeden Staat, der nach Hinterlegung der zwanzigsten Ratifikations- oder Beitrittsurkunde dieses Übereinkommen ratifiziert oder ihm beitritt, tritt es am dreissigsten Tag nach Hinterlegung seiner eigenen Ratifikations- oder Beitrittsurkunde in Kraft.

Artikel 50

(1) Jeder Vertragsstaat kann eine Änderung vorschlagen und sie beim Generalsekretär der Vereinten Nationen einreichen. Der Generalsekretär übermittelt sodann den Änderungsvorschlag den Vertragsstaaten mit der Aufforderung, ihm mitzuteilen, ob sie eine Konferenz der Vertragsstaaten zur Beratung und Abstimmung über den Vorschlag befürworten. Befürwortet innerhalb von vier Monaten nach dem Datum der Übermittlung wenigstens ein Drittel der Vertragsstaaten eine solche Konferenz, so beruft der Generalsekretär die Konferenz unter der Schirmherrschaft der Vereinten Nationen ein. Jede Änderung, die von der Mehrheit der auf der Konferenz anwesenden und abstimmenden Vertragsstaaten angenommen wird, wird der Generalversammlung der Vereinten Nationen zur Billigung vorgelegt.

(2) Eine nach Absatz 1 angenommene Änderung tritt in Kraft, wenn sie von der Generalversammlung der Vereinten Nationen gebilligt und von einer Zweidrittelmehrheit der Vertragsstaaten angenommen worden ist.

(3) Tritt eine Änderung in Kraft, so ist sie für die Vertragsstaaten, die sie angenommen haben, verbindlich, während für die anderen Vertragsstaaten

weiterhin die Bestimmungen dieses Übereinkommens und alle früher von ihnen angenommenen Änderungen gelten.

Artikel 51

(1) Der Generalsekretär der Vereinten Nationen nimmt den Wortlaut von Vorbehalten, die ein Staat bei der Ratifikation oder beim Beitritt anbringt, entgegen und leitet ihn allen Staaten zu.

(2) Vorbehalte, die mit Ziel und Zweck dieses Übereinkommens unvereinbar sind, sind nicht zulässig.

(3) Vorbehalte können jederzeit durch eine an den Generalsekretär der Vereinten Nationen gerichtete diesbezügliche Notifikation zurückgenommen werden; dieser setzt alle Staaten davon in Kenntnis. Die Notifikation wird mit dem Tag ihres Eingangs beim Generalsekretär wirksam.

Artikel 52

Ein Vertragsstaat kann dieses Übereinkommen durch eine an den Generalsekretär der Vereinten Nationen gerichtete schriftliche Notifikation kündigen. Die Kündigung wird ein Jahr nach Eingang der Notifikation beim Generalsekretär wirksam.

Artikel 53

Der Generalsekretär der Vereinten Nationen wird zum Verwahrer dieses Übereinkommens bestimmt.

Artikel 54

Die Urschrift dieses Übereinkommens, dessen arabischer, chinesischer, englischer, französischer, russischer und spanischer Wortlaut gleichermassen verbindlich ist, wird beim Generalsekretär der Vereinten Nationen hinterlegt. Zu Urkund dessen haben die unterzeichneten, von ihren Regierungen hierzu gehörig befugten Bevollmächtigten dieses Übereinkommen unterschrieben.

Dank

Wir danken allen, die dieses Buch möglich gemacht und uns beim Entstehungs- und Produktionsprozess unterstützt haben. Unser Dank gilt auch jenen, die an dieser Stelle nicht namentlich erwähnt werden wollten.

Burgergemeinde Bern
Gemeinde Eggiwil

Kathrin Albrecht
Isabelle Alonso
Lydia Bähler
Sonja Battilana-Stopper
Ramon Baumeler
Dora Baumgartner
Florence Baumgartner
Jürg Baumgartner
Anita Béguelin
Kathrin Berger
Karin Berger-Sturm
Susanne und Simon Bichsel
Lili Bienz
Sibylle Birrer
René Borer
Sabine Born
Sam Brechbühl
Eliane Bühlmann
Theres Burch
Luigia Cantatore
Oriana Chiandusso
Deborah Diggelmann
Ruth Duner
Brigitte Durrer
Rhea Eberhard
Manuela Egger
Karin Egli
Andrea Erni-Häberli
Sarah Forrer
Evelyne Frutig
Martin Frutig
Claudia Fugazza
Christine Gerber
Linda Gilomen
Mirjam Graf
Marianne und Ueli Haldemann
Leila Hayoz
Walter Helbling
Mariem Heni
Christine Hess
Sandra Hess
Medard Heynen
Esther Hidber
Richard Hodak
Estela Hoyos Bonillas
Trudy Hunziker
Kurt Huwiler
Agnieszka Jedelhauser
Theres Kaltenrieder
Isidor Konrad
Edith Krähenbühl
Angelina Krüttli
Félicienne Kunkel
Liselotte Kunz
Tobias Künzli
Stefan La Rosa
Irene Lehmann
Philipp Lehmann
Viktor Leitsoni
Peter Ley
Christine Lüthi
Isabelle Magnenat
Ruedi Menzi
Cornelia Müller
Elisabeth Müller
Renate Müller
Susanne Nussbaum
Sonja Oesch
Ruth Rava
Christina Reuter
Monika Riedener
Katharina Roth
Marigna Roth
Sandra Rutschi
Anke Schläppi
Annelies Schneider-Bichsel
Susanne Schürmann
Ursula Sieber
Solokes GmbH
Fabian Sommer
Lukas Paul Spichiger
Lea Staub
René Staub
Barbara Stegmann
Patricia Stifani
Simon Stöcklin
Tatjana Straka
Jürg Suter
Sabrina Villiger-Kurmann
Andrea Vock
Clara von Wyl
Ruedi Wenger
Olivia Wermelinger
Ruth Wigger
Pia Wildberger
Liliane Wuersch
Tomi Wunder
Franziska Zaugg
Marianne Zaugg
Thomas Zbinden
Malena Zeberli
Elisabeth Zölch

Impressum

Bibliografische Information der Deutschen Nationalbibliothek:
www.dnb.de.

Verlag: Stämpfli Verlag AG, Bern, www.staempfliverlag.com
Lektorat: Benita Schnidrig, Stämpfli Verlag AG
Fotografin: Eliane Beerhalter, Utzenstorf, www.elianebeerhalter.ch
Gestaltung: Stephan Cuber, diaphan gestaltung, Bern
Druck: Stämpfli Kommunikation, www.staempfli.com

ISBN 978-3-7272-6091-9